相談件数No.1の
起業支援サイト「ドリームゲート」累計面談相談数全国1位
プロが教える

失敗しない
起業
55の法則

中野 裕哲

日本能率協会マネジメントセンター

はじめに

　私は、起業コンサルタント®と副業コンサルタント®、そして税理士、特定社会保険労務士、行政書士、CFP®として、さまざまな得意分野を持つ専門家集団を束ね、毎年200〜300人の起業家や経営者から起業や経営に関する無料相談をお受けしたり、縁あった方にはその後のサポートをすることをライフワークにしています。この活動を始めて11年が経ちますが、その中で多くの成功者、そして、失敗する人も見てきました。

　起業は、起業家全員が成功できるというような甘い世界ではありません。起業した後に待ち受けているのは厳しい世界です。当然、失敗して撤退していく人も、毎年一定数います。こうした過去の失敗事例から、どのような点で失敗しやすいかを先に学んでおくことは、起業家にとって非常に有益ではないでしょうか。

　今回、起業で失敗してしまう人を少しでも減らすべく、「失敗パターン」とその対策を紹介できる書籍を作れないだろうかという打診を受けたとき、私は喜んでお引き受けしました。誰もが踏む可能性がある「地雷」ともいえる失敗ポイントはパターンが決まっており、これらを体系化しておけば、正しい知識を持って起業する人が増え、起業後の存続率が高まり、そして成功する起業家を生み出す確率が高まる一助になるのではと考えたのです。

　そのような趣旨から、今回の書籍は、

- これから起業しようと頭の中で構想している人
- 実際に起業準備中の人
- 起業したものの伸び悩んでいる人
- 起業後順調ではあるものの、さらにパワーアップしたい人

など、どの属性の人が読んでも役に立つ内容を心がけました。

　起業家が必ず直面する課題と対策を時系列的に整理し、失敗しやすいポイントをつかんで最短で計画を見直しできるよう、事業を軌道に乗せるための「自身の振り返り・アクションプランの立て方」を随所に盛り込んでいます。

ただ読むだけではなく、必ず手を動かして、自身に当てはめながら課題をクリアしてみてください。きっと、あなたの事業が成功する確率が上がるはずです。

　では、早速始めましょう！

起業コンサルタント®、副業コンサルタント®
税理士、特定社会保険労務士、行政書士、CFP®
中野　裕哲

本書の全体像

　本題に入る前に、まずは全体像をつかんでおきましょう。起業して成功するまでには、各フェイズで多種多様な「選択」を繰り返していく必要がありますが、そこに誰もが陥る可能性がある、いわば、「地雷」ともいえる「ありがちな失敗」があります。これをあらかじめ頭に入れておけば、起業に失敗してしまう確率は格段に減るものと思われます。

　これからのお話は、起業したもののなかなか結果が伴わず伸び悩んでいる方にも有用な内容です。ぜひ浮上のきっかけとしていただければと思います。

　まずは私の起業支援経験から、起業のフェイズごとに「ありがちな失敗」をご紹介しましょう（図表1・図表2）。全体の流れをつかむ意味でもざっとご確認いただき、そのうえで、フェイズごとに詳しく解説したPART 1〜7に進んでください。各PARTでは、起業家が陥りやすい「失敗しやすいパターン」を掲げ、ご自身が、いま頭に思い描いている方向性やビジネスプランを見つめ直すためのきっかけとなるチェック項目やアクションプランを紹介しています。

図表1

PART 1 ビジネスモデル・会社設立	PART 2 商品・サービス設計	PART 3 財務・資金調達	PART 4 営業・マーケティング	PART 5 人事・労務	PART 6 会計・税務

PART 7 経営方針・社長自身

【付録】副業について

図表2

PART 1　ビジネスモデル・会社設立の失敗パターン ワースト3
1) ニーズについて十分な検証もせずに見切り発車したため、売上が伸びない 2) ありふれた商品・サービスで起業する 3) あとで問題となる形で拙速な会社設立をしてしまう

PART 2　商品・サービス設計の失敗パターン ワースト3
1) 誰に何をどのように売るかの計画があいまいで中途半端である 2) 十分な競合調査・競合分析ができていない 3) 最初から高額なものを売ろうとする

PART 3　財務・資金調達の失敗パターン ワースト3
1) 創業融資の知識がないまま進めたために融資が得られない 2) 創業融資の金額が少額だったために資金が足りなくなり、八方塞がりとなる 3) 気がついたら補助金、助成金を受けられない状況になっていた

PART 4　営業・マーケティングの失敗パターン ワースト3
1) プロモーション、宣伝が不足している 2) SNS、メディア露出など、やれることをすべてやれていない 3) 営業を部下に一任していたところ、実際にはまったく仕事がとれていなかった

PART 5　人事・労務の失敗パターン ワースト3
1) 役員報酬額を高く設定しすぎてしまう 2) 当初から人材を雇いすぎたため、人件費の比重が重すぎる 3) 共同経営が空中分解してしまう

PART 6　会計・税務の失敗パターン ワースト3
1) 会計をおろそかにし、経営状態を把握していない 2) 原価構造を把握しないままに経営を続けてしまう 3) 税理士選びに失敗し、適切なアドバイスを得られない

PART7　経営方針・社長自身に起因する失敗パターン ワースト3
1) 社長の行動がまったく足りない 2) 人に任せず、すべてを自分で抱え込むためスケールしない 3) リスクコントロールができていない

【付録】 副業での失敗パターン ワースト3
1) 副業を始めたいのに最初の一歩を踏み出せない 2) 副業に使う時間を捻出できず、中途半端になる 3) 副業に関する確定申告をしなかった

CONTENTS

はじめに 003

本書の全体像 005

PART 01 ビジネスモデル・会社設立

1 起業する分野の選択は正しいかを、もう一度考えてみよう 012

2 アイデアの出し方──他業種の研究を怠るな 019

3 ストックビジネス、リピーターの重要性 023

4 「どぶさらい」が一番儲かる 026

5 事業の成長カーブを意識せよ 028

6 事業計画書を書くのは当たり前──固執せず、現実に合わせて変えることが重要 031

7 安易な会社設立に気をつけよう 034

8 会社設立手続きは自分でやっても、専門家に依頼しても費用は同じくらい 038

PART 02 商品・サービス設計

1 ターゲット(標的顧客)を考えているか 042

2 提供価値は何かを再確認してみる 045

3 どのように売るか(集客・販売チャネル) 049

4 絶えず競合調査、競合分析をしよう 052

5 売れない場合には、その価格は本当に適正かを検証する 058

PART 03 財務・資金調達

1 創業期の資金計画の基本をしっかり押さえよう　064

2 公的な創業融資制度の基本をマスターする　069

3 創業融資の審査基準を満たしておこう　075

4 創業融資と追加融資　090

5 起業家の無借金経営は本当に素晴らしいこと　093

6 出資してもらうという選択肢は?　096

7 補助金・助成金をフル活用せよ　099

8 補助金・助成金の注意点と活用の発想　104

9 資金繰りを考える　107

PART 04 営業・マーケティング

1 絶対に営業を任せきりにするな　114

2 商品・サービスを買ってもらう販売チャネルを確立する　119

3 人脈の広げ方を見直してみよう　122

4 SNSを使った集客方法／SNSの本当の使い方　128

5 ジョイントベンチャー、紹介料の考え方　133

6 コバンザメ的な戦略を考えてみよう　136

7 コンテンツマーケティング・出版を経営に活かす　139

8 クラウドファンディングを活用しよう　144

PART 05 人事・労務

1 役員報酬の設定は慎重に　150
2 共同経営は空中分解に注意──どちらが大将か　155
3 どんな採用ルートで、どんな人を、どんな待遇で採用するか　157
4 採用の基準 どんな人を採用したいのか 人材・人財　160
5 増員のタイミング　163
6 外注の活用　167

PART 06 会計・税務

1 財務諸表は必ず読み解けるレベルにしておく① 損益計算書　172
2 財務諸表は必ず読み解けるレベルにしておく② 貸借対照表　175
3 最低限知っておきたい経営分析の知識　178
4 原価構造を把握する　185
5 経理は大事／決算書にもこだわること　190
6 税理士は経営を左右する　194
7 節税の考え方、方法、借入れとの関係　198

PART 07 経営方針・社長自身

1 お金の管理、個人信用情報に注意せよ　202

2 欲を制するものはビジネスを制する　205

3 起業はリスクコントロールが肝要　207

4 起業当初はやることが山積み　211

5 プロにお金を払うことの有用性に早くきづくこと　213

6 小さな会社ほど、社長個人の能力、人間力が
経営にダイレクトに影響する　216

7 行動! 行動! 行動!　221

付録　副業について

1 副業としてスタートするメリット・デメリット　226

2 副業の最大の壁は今の会社との関係　229

3 副業禁止の会社でビジネスをするには?　232

4 副業の最大の敵は、時間の確保である　234

5 副業でもお金や税金は要注意　237

起業・会社設立相談&資料ダウンロードのご案内　240

おわりに　243

PART

01

ビジネスモデル
・
会社設立

01

起業する分野の選択は正しいかを、もう一度考えてみよう

　起業を決断して最初にすべきは、起業する分野の選択です。これは後々にまで影響する重要な判断であり、失敗の根本原因にもなりえます。思いつきで見切り発車する前に、慎重に検証しましょう。「そんなのもう決まっているよ！」という人も、これを機にぜひ一度立ち止まって、深く考察してみてください。

　図表3をご確認ください。

1 社会が求めているか（ニーズがあるか）
2 自分ができることか（実現できること、得意なことか）
3 自分がしたいことか（好きなこと、人生で実現したいことか）
4 数字的なアプローチで検証して問題はないか

　まずは、上記の **1** 〜 **3** の3つが重なる分野を選択することが重要で、1つでも欠ければ起業に失敗する可能性が高まります。とはいえ、**1** 〜 **3** が重なったからといっても安心は禁物です。**4** の数学的なアプローチでの検証も大切です。

図表3

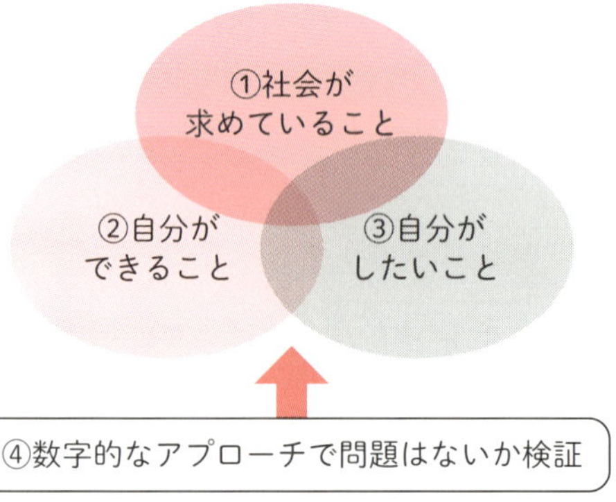

①社会が求めていること

②自分ができること

③自分がしたいこと

④数字的なアプローチで問題はないか検証

1 その商品・サービスは社会が求めているか

　社会に求められている商品・サービスでなければ、ビジネスとして成立しません。買うかどうかを決めるのはお客様であり、お客様のニーズに合致し、「欲しい」と思われて初めて売れるのです。起業では、まず第一にこの点の確認が重要です。

　まずは、身近な周囲の人へのヒアリング、ネットでの調査、専門家への無料相談などを行い、最初の一歩を踏み出してみましょう。

　起業家に多い失敗は、以下の2つの方向性のうち、後者の「プロダクトアウト」に偏ってしまうことです。

マーケットイン
まず、市場のニーズを捉え、それに合った商品・サービスを提供する方向性
プロダクトアウト
売り手側が売りたい商品・サービスを市場に提供していくという方向性

　商品・サービスに対する思いや熱意があるのはいいことですが、「こんなによい商品が売れないはずがない！」と自分の商品・サービスにほれ込みすぎてしまうのは非常に危険です。プロダクトアウトになってしまうこともよくあります。

　売る側の思いだけが優先してしまえば、逆に売れません。ビジネスプランの検討の時点から起業後まで、常にマーケットインの視点を重視して進めるようにしましょう。

───── 失 敗 パ タ ー ン ─────

プロダクトアウトの発想で突っ走り、全然売上が立たない

PART 1　ビジネスモデル・会社設立　　13

具体的にどのような形でニーズを感じるか（マーケットインの視点で）

2 **そのビジネスは、自分が「できること」**
（実現できること、得意なこと）か

　次に、「自分ができること」かどうか、つまり実現可能性を検証します。その商品・サービスを商品化して供給することは、本当に実現できることでしょうか。自分だけではできない場合には、誰かの協力を得る道筋はあるでしょうか。

　さらにいえば、自分の得意分野で勝負しているかについても検証が必要です。できれば他よりもズバ抜けた何かをご自身が持っていて、そこで勝負しているのであれば、なおよしといえるでしょう。

　これらを検証するためにも、まずは自分の棚卸し（自己分析）をしてみましょう。以下の事項について、思いつくことを書き出してみるのです。

- 今までの人生で経験してきたこと
- 自分が持っている属性、スキル、資格、性格など
- 自分が持っている人脈
- その他（好きなこと、趣味、特技など）

　そして、気になる言葉をキーワードとしてチェックしましょう。出現するキーワードの中からあなたの強みを発見するのです。簡単な例を以下に紹介しましょう。

- 趣味で続けてきたフットサル大会の運営については、誰にも負けないノウハウがある
- 人脈が広く、それらをつなげることが得意だ

自分のことですから、ご自分にとっては「当たり前／できて当然」と思うことでも、他人にとっては「すごい！」と思うことが隠れているかもしれません。誰かに「すごい！」といわれたという記憶をたどってみるのもいいかもしれません。

　このような要素が、あなたの「強み」を構成することになります。その「強み」を活かした起業が成功への近道です。

　自分には足りない要素があるとしたら、誰か協力を仰げる人はいるでしょうか。この点もよく考えてみましょう。

―― 失 敗 パ タ ー ン ――

**ズバ抜けた得意分野でもなく、
ありきたりな商品・サービスで起業する**

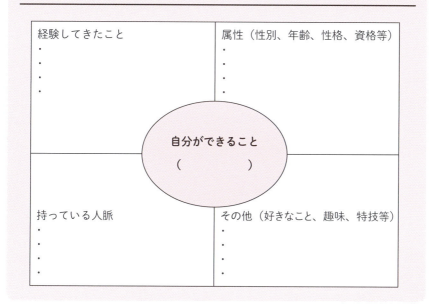

「自分の棚卸し」で強みを発見しよう（自分について、各項目を書き出してみよう）

PART 1　ビジネスモデル・会社設立

> 実現するためには何が足りないのか書き出してみよう

> 実現にこぎつけるための協力者を書き出してみよう

3 そのビジネスは、自分が「したいこと」か

さらに考えたいのは、「人生の残りの時間を使って何を実現したいのか」です。

あなたは何のために起業したいのでしょうか。以下のような答え「だけ」が頭に浮かんだという方は要注意です。それだけが起業の動機・目的だとしたら、かなり「弱い」といわざるをえません。

- 飯を食べていくためにやむなく
- もう転職できる年齢ではないから
- 一発金儲けをしてみたい

起業して食べていくのは、そんなに甘いことではありません。人様に何かを提供し、お金をいただく。実際に起業してみれば、その大変さが身に染みてわかるようになります。

あなたの会社の社員があなたをどう見るかを考えてみてください。社長がお金持ちになること「だけ」が目的の会社で、社員が一生懸命に働いて稼いだ売上が、社長が乗り回すベンツに化けるだけだと悟ったら、モチベーションはダダ下がりですよね。お客様の立場から見てもそれは同じです。

起業して何を実現したいのでしょうか。とことん突き詰めて考えましょう。

それが自分自身の理念、ひいては会社の理念にまで昇華できたら最高です。

　筋の通った理念はお客様にも世の中にも伝わり、起業後も物事がよい方向に進んでいきます。また、理念の有無は、起業してからの自分のモチベーションに影響を与えます。理念がはっきりとしていれば、多少辛いことがあっても乗り越えることができ、常に前向きに取り組むことができるはずです（ちなみに筆者の理念は、「起業支援をライフワークとし、1人でも多くの成功者を生み出すことで、日本を元気にしたい！」です）。

──── 失 敗 パ タ ー ン ────

何がしたいのかの理念・コンセプトが定まらず、ブレブレの状態

人生という限られた時間を使って何を実現したいのか(=理念)を考えてみよう

4　数字やマーケティングからの客観的なアプローチで問題がないか

　最後に考えるべきは、提供しようとしている商品・サービスが「数字やマーケティング的なアプローチからも、そしてタイミング的にも客観的に問題はないか」です。自分の思い（主観）だけでなく、徹底して客観的に判断する冷徹さも持ち合わせていないと、経営者は務まりません。

　たとえ、あなたが目指すことがいわゆる「社会起業」的なものだとしても、数字の面できちんと売上や利益を生む仕組みがなければ、維持することさえできません。夢や理想を語るにしても、算盤は持ち合わせていなければならないのです。

　判断に迷ったら、以下の基準に当てはめてみてください。この基準に当てはまる要素が多いビジネスであれば、継続的に発展拡大し、成功していく確率は高いでしょう。

PART 1　ビジネスモデル・会社設立　　17

―――― 失 敗 パ タ ー ン ――――

・儲かる可能性の少ない事業で起業してしまう
・自分の都合や感情に振り回されて起業する

ビジネスモデル選択の基準
（自分の考えるビジネスについて、以下の設問に答えてみよう）

- □　1　粗利率は高いか／粗利率は低くとも圧倒的に多売することが可能か
- □　2　元手をかけずに利益を上げられるビジネスか
- □　3　在庫を持つリスクが少ないか
- □　4　世間に対して強烈なプロモーションが可能な要素があるか
- □　5　他社と差別化できるか
- □　6　人件費はかかりすぎないか
- □　7　初期投資額は自己資金、出資、創業融資でカバーできるか
- □　8　安定して返済できるような利益を上げられるか
- □　9　景気や流行に左右されにくいビジネスか
- □　10　参入タイミングは問題ないか
- □　11　大手企業に簡単にマネされないか
- □　12　リスクとリターンが釣り合うようなビジネスか

02
アイデアの出し方
── 他業種の研究を怠るな

　あなたが手がけようとしているビジネスに、「USP」はあるでしょうか。このような視点も大切です。USP は Unique Selling Proposition の略で、「自社の商品・サービスのみが持つ、独特な強み」のことです。もっとわかりやすくいうと「なぜ、この会社から商品・サービスを買う必要があるのか／他社のものではダメな理由は何か」ということです。

　商品・サービスに際だった特徴がなく、買い手としては価格だけが唯一の基準となるようなものであれば、激しい価格競争に巻き込まれてしまいます。典型的な失敗パターンは図表4のようなケースです。

図表4

```
┌─────────────────────────────────────┐
│  売上を維持するために安売りするしかなくなる  │
└─────────────────────────────────────┘
                    ▼
┌─────────────────────────────────────┐
│      無計画な安売りで利益がでなくなる      │
└─────────────────────────────────────┘
                    ▼
┌─────────────────────────────────────┐
│  キャッシュがなくなり事業を維持できなくなる  │
└─────────────────────────────────────┘
```

　このようなことにならないように、自社のビジネスのUSPを突き詰めて考えましょう。

───── 失 敗 パ タ ー ン ─────

自社のビジネスのUSPを考えていない。
ありふれたビジネスで価格競争に巻き込まれる

PART 1　ビジネスモデル・会社設立　　19

自社のUSPは何か

　成功する起業家が提供する商品・サービスは、何らかのUSPや何らかの独自ノウハウを持つことで他社と差別化しています。こうすることで、以下のようなメリットがあります。

他社との比較で営業上有利となる
　インターネットで大量の情報が出回る時代ですから、価格は簡単に比較されてしまいます。他社との比較で選ばれるには、商品・サービスなどが明確に差別化できているかが重要です。他社ではなくあなたの会社から買う理由は何でしょうか。じっくりと検討してみましょう。

価格競争に巻き込まれない
　いまは供給過多の時代です。価格競争に苦しみ、黒字にすることすら難しい業界も多いでしょう。もし独自ノウハウによる付加価値で他社と差別化できていれば、こうした価格競争に巻き込まれずに済み、きっちりと利益を生んでいける強い会社を作ることができるのです。

頼まなくても買ってもらえる
　見込客が求めるような魅力的な商品・サービスであれば、こちらから営業して回らなくても買ってもらえるものです。人気店の行列を見ればご理解いただけると思います。すでに社会が成熟し、人々が新たに物やサービスを買う必要がない昨今にあっては、見込み客がどのような商品・サービスを必要としているのか、彼らにどれだけ魅力的なサービス・商品を提供できるかについて起業前にどこまでリサーチして準備しておけるのかが勝敗に直結します。

　アイデアに困ったら、「オズボーンのチェックリスト法」という考え方を用いてみましょう。これは起業の際や創業期のビジネス展開を「意識して考える（変える）」際に使える方法です。

オズボーンのチェックリスト

☐1 **転用**
新たな使い道は？
海外や他業界のものをもってくることはできないか？

☐2 **応用**
世の中に似たものはないか？
何かの商品の真似はできないか？

☐3 **変更**
意味、色、働き、音、匂い、様式、型、名前、材質等を変えられないか？

☐4 **拡大**
より大きく、強く、高く、長く、厚く、広くできないか？
時間や頻度などを変えることはできないか？

☐5 **縮小**
より小さく、弱く、低く、短く、薄く、狭くできないか？
省略や分割はできないか？
何かの要素・手順を減らすことができないか？

☐6 **代用**
人を、物を、材料を、素材を、製法を、動力を、場所を、処理法を代用できないか？

☐7 **再利用**
要素を、型を、配置を、順序を、因果を、ペースを変えたりできないか？

☐8 **逆転**
反転、前後転、左右転、上下転、順番転、役割など逆転してみたらどうか？

☐9 **結合**
両方を合体したらどうか？
ブレンドしてみたらどうか？
業種や、ユニットや、サービス、目的を組み合わせたらどうか？

PART 1　ビジネスモデル・会社設立　　21

新規事業　既存事業の改良──アイデアを書き出してみよう

テーマや商品・サービス

【転用】	【応用】	【変更】
【拡大】	【縮小】	【代用】
【再利用】	【逆転】	【結合】

03

ストックビジネス、リピーターの重要性

「ストックビジネス」や「サブスクリプション」という言葉を聞いたことがあるかと思います。ビジネスモデルを考える際には、売上のタイプがフロー型かストック型かの確認が重要で、これは売上の安定にも影響します。

○フロー型売上：流動的な売上。スポットで購入されるような商品・サービス
○ストック型売上：月々安定して得られる売上。毎月購入型の定期通販商品、顧問料や会費など

　ストック型売上の割合を増やすことができれば、売上は安定します。逆に、フロー型売上の割合が多い場合、売上が安定せず、常に集客や広告宣伝に多大なお金や労力を費やし続けなければならない可能性があります。
　この2つについて、コンサルタント業の会社（A社・B社）を想定して、以下の条件で5年間の売上をシミュレーションしてみましょう（解約は1件もないものとします）。

○A社：フロー型売上のみ（毎月1件程度、30~50万円のスポットの仕事を依頼される）のケース
○B社：ストック型売上のみ（毎月1件、新規の顧問先（毎月の会費5万円）を獲得できる）のケース

	A社（フロー型売上）	B社（ストック型売上）
1年目	482万円	390万円
2年目	582万円	1110万円
3年目	380万円	1830万円
4年目	602万円	2550万円
5年目	625万円	3270万円

PART 1　ビジネスモデル・会社設立　23

B社（ストック型）毎月の売上（単位：万円）

1年目

1	2	3	4	5	6	7	8	9	10	11	12	計
5	10	15	20	25	30	35	40	45	50	55	60	390

2年目

1	2	3	4	5	6	7	8	9	10	11	12	計
65	70	75	80	85	90	95	100	105	110	115	120	1110

　A社の場合、毎月の30〜50万円程度の売上を上げるために営業に関わる多大なるコストと労力をかける必要があるでしょう。売上も先が読めず不安定な状況が続きます。B社の場合は、解約さえなければ安定した売上が積み上がっていきます。

　このようにシミュレーションをしてみると、売上の安定にはストック型売上の導入が理想的だということがわかります。提供するサービスの内容を検討する際には、ストック型のものを取り入れることができるか検討してみましょう。

　同じような視点で、フロー型の売上だとしても、継続的なリピーターを増やすことによってストック化できる可能性もあります。飲食店であれば、3回通っていただくことに成功すればリピーターとして定着したと見ていいと言われています。問題は、どのようにして2回目、3回目の来店をしていただけるように経営するかです。

失 敗 パ タ ー ン

**毎月の安定しない売上に左右されてしまうような
ビジネスモデルで起業する**

自社のビジネスをストックビジネス化するにはどうすればいいか
書き出してみよう

顧客をリピーター化のための工夫は？　書き出してみよう

04

「どぶさらい」が一番儲かる

　ある成功者はいいました。「一流はインフラ・プラットフォームを作り上げる。二流はブランドを築く。三流はせっせと製造や販売をする」と。

　別のある成功者はいいました。「やっぱり、どぶさらいが一番儲かるんだなぁ」と。

　インフラを作り上げたり、ブランドを築いて大手企業を相手に取引したり、テレビで取り上げられたり——そんなふうに、起業当初から大きく、カッコよく事業を進められたらいいですよね。とはいえ、起業する人全員が最初からそんなふうにうまくいくとは限りません。「ホームランだけを狙い続けて全然結果が出ない」、そんな失敗パターンにハマる人もいます。起業家としての「体裁」を重んじる、大企業出身の人に比較的多い思考回路——いわゆる大企業病といえます。

　有名な創業経営者など、ごく一握りの経営者は、結果論として「そういうことができた」といえるのかもしれません。ただし、世間的な信用も実績も経験もゼロの状態からカッコよく事業を進められる可能性など、一般的にはほぼゼロといっていいでしょう。将来性もあり、莫大な儲けを出せるようなビジネスだったら、すでに多くの大企業が参入しているハズですし、たまたま参入していなくても、この先、参入してきてしまう危険性は十分にあります。

　逆に、「手間ひま」がかかるビジネス、他の人がやらないこと、嫌がることをも地道にやる——いわば「どぶさらい」の視点を持ってみてはいかがでしょうか。実は、そういったところこそが、一部の人にしかノウハウがないようなとてもニッチな世界だったり、あるいは人のつながりがベースにある、きめ細かい世界だったりします。さらには、規模が小さく参入障壁が高いため、大企業が入ってきていない世界である可能性もあります。

　カッコ悪くてもいいから、とにかく結果を出す。泥臭くてワイルドな、そんな思考回路を持つことも必要ではないでしょうか。売上が上がらないことに

は、食いつなぐことはできないのですから。

　起業家がビジネスモデルを考えるとき、意識したいのは以下の3点です。

○ 大企業が避ける「手間ひま」をむしろ主戦場にすること
○ ホームラン狙いではなく、ヒット狙い（細かい積み重ね）を大事にする
○ 大手企業と同じ土俵には絶対に立たない

── 失 敗 パ タ ー ン ──

・大手企業がすぐに参入してしまうようなビジネスモデルで起業する
・参入障壁が低いビジネスモデルで起業する

大企業が避けるような地道なビジネス展開を想定してみよう

項目	内容
手間	
価格	
市場スケール	
その他	

PART 1　ビジネスモデル・会社設立　　27

05
事業の成長カーブを意識せよ

図表5

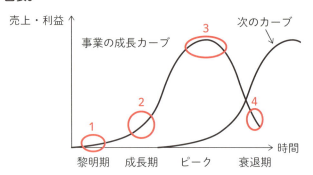

　図表5は、「事業の成長カーブ」といい、ビジネスを勉強するときによく出てくるものです。事業はそれぞれ黎明期（1）、成長期（2）、ピーク（3）、衰退期（4）という期間を経ることになります。

- 黎明期：まったく世の中に知られていないが、ひっそりとよい商品・サービスが生まれている時期
- 成長期：その商品・サービスに注目が集まり、爆発的に売上・利益が伸びる時期
- ピーク：1社が儲かっている様子を見て他者からの参入が増え、市場が伸びる時期。競合が増えることで供給過剰となり、競争も激化。単価下落が起こり、売れ行きが下がり始める
- 衰退期：競争についていけないところは脱落し、商品・サービス自体も古くなることから売れ行きも急降下する時期

　事業者は、常にこのカーブを意識していなければなりません。いま、その商品・サービスがどこに位置しているか、常に見極める必要があります。業界の

トレンド予想を見誤り、ピークで正社員を大量増員したり、大きな設備投資をしたりすれば、積み上げてきた利益が吹き飛んでしまうような大打撃を受ける可能性があります。また、好調なときほど、トレンドが終わったときの準備としての「次の収益源」を考えておかなければなりません。

　特に注意しなければならないのは、黎明期にある商品・サービスで起業する場合です。まだ誰も手がけていない商品・サービスに目をつけ、いち早く始めたとき、先行者メリットはあるでしょう。将来、業界をリードできる存在になれる可能性もあります。ただし、潜在ニーズはあるのに消費者がニーズに気づいていないとか、PRに多大なコストや労力がかかるといった壁があります。実際に売れるまでの間、会社の維持費もかかるだけでなく、自分自身が生活していかなければなりません。芽が出る時をいつか、いつかと待ちながら、じっと持久戦を繰り広げる体力があるでしょうか。また、どうその持久戦を戦い抜くのか。商品・サービスそのものについてだけでなく、もっとビジネス全体を幅広く捉え、考える必要があります。

「売り方」についても同様に検討が必要です。その商品・サービスは店舗販売に即しているのか、あるいはWeb通販とすべきか。Webでの展開が新たなカーブで黎明期になっているとすれば、それに早く気がつく必要があります。いつまでも従来の方法にしがみつかず、どこかで新しい方法を仕掛けることを検討しなければなりません。

　もちろん、古い手法をすべて否定することはありません。ただ、時代に合った方法に変化させることで生き残る例はたくさんあるからです。どんなに優れた思いつきや伝統のあるビジネスだとしても、時代が求めていなければ売れないということを意識しましょう。

失 敗 パ タ ー ン

・あまりにも早い段階でビジネスにしようとして世間のニーズが追いついていない
・多くが参入してピークを過ぎた時期に手を出してしまう
・自社の行うビジネスのブームが去りそうなとき、次の成長カーブを描こうとしない

自社のビジネスが曲線の1〜4のどこに位置しているかを考えてみよう

そのビジネス市場の今後の展開を予想してみよう

それに対して自社としてどのように対処するかを考えてみよう

次のカーブをどう描くかを考えてみよう

06

事業計画書を書くのは当たり前 ——固執せず、現実に合わせて変えることが重要

　起業の決断後、当然すべきこととして綿密な構想と事業計画書への落とし込みが挙げられます。事業計画書を書くことによって、あらゆる面で頭の中を整理し、準備段階での抜けのない事業計画を立てることができますし、融資や補助金の申請にあたっても活用可能です。なお、ここで私がお勧めしたいのは、数年単位で記入するような汎用の事業計画書を書くのではなく、起業後1年間のことを重視した、起業に特化したものを書くことです（創業融資にも使える「起業に特化した事業計画書」は、著者のホームページ（https://v-spirits.com/download）にて無料でダウンロード可能です）。ただし、事業計画書を書いたからすべて安心というわけではありません。起業の失敗パターンに多いのは、最初に決めた売り方などに固執してしまい、思考停止状態で突っ走ってしまうケースです。多くの起業家を見てきましたが、事業計画書に書いたことがそのまま想定どおりに進むことの方が少ないのが現実です。

　キャッシュが限られている起業家にとって、時間は非常に貴重です。結果が出ないまま1ヶ月、3ヶ月……と過ぎていけば、致命傷になりかねません。1年は52週もあります。1週ごとに小さなトライ＆エラーを行うことがお勧めです。あれこれ試し、ダメなら勇気を持って方向転換してみましょう。
「起業するときは、3種類のビジネスをそれぞれ7種類の売り方で売ってみろ」、昔からいわれています。3×7で21パターンがあれば、どれか1つくらいは当たるだろうということです。「数打ちゃ当たる」という発想も、起業には大事なことなのです。

　誰しも熟慮のうえでの決断を変えるのは嫌なものです。ただ、3ヶ月経って、まったく成果が出ない場合、撤退か、もしくは他の方法で回収する方法を考えましょう。3ヶ月も売上があがらなければ、その間はコストの垂れ流しということですから、いずれ資金も心許なくなり、やがてショートしてしまうことは自明の理です。

　例えば、システムエンジニアの経験のある方が、マッチングサイトの立ち上

PART 1　ビジネスモデル・会社設立　　31

げでの起業を検討しているとします。このビジネスの場合、マッチングサイト を完成させて世の中に広告し、広告主企業への獲得と会員数の増加を図るとい うことが必要ですから、通常、1年くらいの時間はかかってしまいます。

　こうしたケースでは、下請けとしてシステム構築の仕事を受託する、あるい はホームページの作成を受託するなどの別のビジネスも用意しておいて、食い つなぐのが健全な方法でしょう。焦って短期間での結果を求めなくてもよくな るので、精神的にも少し楽になるはずです。

「あれこれやらずに1つの事業に集中しろ！」「本当にやりたいことができなく なるから受託には手を出すな！」という考え方もあります。それで成功する人 もいるので、必ずしも間違いではないでしょう。ただ、多くの起業支援の現場 から感じることは、「キャッシュがなくなったら終わり」ということです。手元 現金が減る一方というのは、精神衛生的にも悪い影響を及ぼし、メンタルを壊 してしまうこともあります。

　こうした視点があるかは、創業融資での銀行側の審査でも重視されます。創 業融資は、平均して半年後くらいから返済が始まる契約になりますから、この 段階で安定して利益を生み出せる状態になっていることが見通せないと、銀行 側も貸す判断ができません。中長期的な視点も重要ですが、まずは起業後数ヶ 月でどのように利益をあげ、キャッシュを安定させるのかについても、起業前 にじっくりと考えておく必要があります。

── 失 敗 パ タ ー ン ──

なかなか結果が出ていないにもかかわらず、
当初想定していたやり方に固執して変えようとない

変えてみるべき要素がないか、検討してみよう

	検討項目	変更前	変更後
☑	ターゲット		
☑	売り方		
☑	商品、サービス		
☑	価格設定		
☑	セット内容		
☑	販促方法		
☑	Webページ		
☑	キャッチコピー		
☑	提携先		
☑	仕入先		
☑	雇用形態		
☑	組織体制		

07

安易な会社設立に気をつけよう

Web上には、自分で会社設立書類を作成できるというようなツールも大きく宣伝されています。いまや、入力とクリックを繰り返せば、代表者が1人でも、資本金が1円でも、バーチャルオフィスでも、簡単に会社が作れてしまう時代となりました。

でも、そこに大きなワナが隠れています。たいした検討もしないままに素人判断で会社を設立した後になって困ったことが起こり、私の事務所に相談に駆け込む起業家の方も少なくありません。私がさまざまな角度から検証してみると、取り返しのつかない事態が露呈するといったケースが典型的な失敗パターンです。そんな事例が少しでも減るように、以下にポイントを書いておきます。とても重要なポイントですので、しっかりと押さえていただければと思います。

1 本店の所在地

会社設立にあたっては、本店の所在地を決める必要がありますが、注意しなければならないのは、いわゆる「バーチャルオフィス」を本店所在地にしようとするケースです。以下のような点に注意してください。

登記

登記が可能かどうかの確認が必要です。契約上「登記可能」とされるバーチャルオフィスであれば、この点では問題ありません。

銀行口座の開設

バーチャルオフィスを本店所在地とした場合、登記はできても会社の銀行口座を開設できない可能性があります。振り込め詐欺などの犯罪防止の観点で、金融機関側が口座開設時にかなり厳しい審査をしていることが原因ですが、取引を予定している金融機関への確認が必要です。壁で仕切られた個室タイプであれば、「事業所」としての実態があるため、多くの場合は問題ありませんが、どこでも好きな席に座ってよい共有デスクタイプのシェアオフィスの場合は口座開設できない場合もあります。専門家がバーチャルオフィスでも口座開設できる金融機関を知っている場合もありますので、起業相談の際に、そうしたバーチャルオフィスや金融機関を紹介してもらうのも手です。

創業融資

　自治体の創業融資制度では、バーチャルオフィスを本店とした場合に金融機関が難色を示すことが多く、門前払いのような対応を受ける可能性もあります。日本政策金融公庫の創業融資は門前払いにはなりませんが、審査の中で、やはり不利になる可能性があります（公庫は起業家の事業に対する「覚悟」を重視する傾向にあるため、バーチャルオフィスでの起業はその点で疑問が残るというのが審査担当者の本音かと思います）。

許認可

　官公庁の許認可が必要な業種の場合、バーチャルオフィスの利用は避けるのが無難です。例えば、宅地建物取引業では、他の法人と同一の住所を本店とすることは認められていません。登記ができたとしても、事業が行えない事態もありえます。

2 誰が代表になるか

　誰が代表者（代表取締役、代表社員など）になるかも慎重に検討しなければなりません。代表者が過去に自己破産し、個人信用情報に掲載されている状況だと融資を受けることが難しくなりますので、その点をしっかりと確認することが必要です。

　個人信用情報とは、クレジットカードやローンの申込み時に金融機関同士で利用しているもので、氏名、生年月日、性別、住所、電話番号、勤務先などの基本情報のほか、クレジットカードやローンの借入状況、借入金額、返済金額、返済日、延滞情報などが記載されています。手続をすれば、有料（1,000円ほど）ではありますが原則本人に限って情報は開示されます。現在、個人信用情報機関は以下の図表6に示すとおり3つありますので、利用したローン等の会社がどこに加盟しているのかを確認してから情報開示の手続を行いましょう。

図表6

信用情報機関の名称	加盟企業	ホームページ	電話番号
㈱シー・アイ・シー（CIC）	主に割賦販売等のクレジット事業を営む企業	http://www.cic.co.jp	0570-666-414
㈱日本信用情報機構（JICC）	主に貸金業、クレジット、リース、保証などの与信を営む企業	http://www.jicc.co.jp	0570-055-955
一般社団法人全国銀行協会 全国銀行個人信用情報センター	銀行、政府関係金融機関、信用保証協会、個人に関する与信業務を営む企業	http://www.zenginkyo.or.jp/pcic/	0120-540-558

　また、過去に副業で一定額以上の利益を出していたにもかかわらず確定申告をしていなかった、あるいは税金を滞納しているなど、税金上のトラブルを抱えている場合も要注意です。このような場合、他の人が代表者となり会社設立することも検討しましょう。

　創業融資を考えると、代表者の過去の経験や自己資金が重要な要素となります（75ページ参照）。この点もよく吟味したうえで、代表者を決めましょう。

3 資本金

　資本金をいくらにするかも非常に重要な要素です。税金、信用、創業融資、許認可などの観点で、注意点が多数あります。ここで失敗すると、取り返しのつかない事態になる可能性もあるので、くれぐれも慎重に判断してください。事前に、会社設立だけでなく起業全般に明るい専門家に相談しておくことを強くお勧めします。

　なお、法律上は資本金1円でも会社（1円会社）を作ることは可能です。ただ、ペン1本買う時点で、社長から借入れをしないと買えないことになりますので、実際に資本金1円の会社を立ち上げ、事業を行うのは無理があります。当然ながら、金融機関から融資を受けることも難しいので、言葉のイメージに流されないよう注意しましょう。通常の状態で事業を行うには、やはり十分な自己資金をもとに始めることが重要です。

資本金を決める際の検討ポイント

☑	税金の観点	・設立時の資本金が1000万円未満の場合、原則設立事業年度と翌事業年度は消費税を納めなくてもよい（例外あり） ・法人住民税の均等割は資本金の額（一部を資本準備金に繰り入れた場合は合計額）が1000万円超になると、年額7万円から18万円へと増額する
☑	信用の観点	・資本金は会社の信用度を計る1つの基準であり、新会社法が施行され最低資本金制度が撤廃された現在でも、商慣習として残っている。特に資本金が100万円未満の場合、信用度が極端に低くなる ・企業によっては資本金額を取引口座の開設基準としている場合もあるため、取引先企業にそのような条件があるかをあらかじめ調べておくこと
☑	創業融資の観点	・創業融資制度によっては、事業全体で要する資金の1/10〜1/2の自己資金（資本金）を準備していることを要件としている場合がある ・事業全体で要する資金を把握し、創業融資を受けるにはいくらの自己資金（資本金）が必要かを計算しておくこと
☑	許認可の観点	・許認可によっては、自己資本金額（資本金額）が許認可の要件となっている（例：旅行業300万円〜3000万円、有料職業紹介事業500万円、労働者派遣業2000万円、など）。 ・許認可が必要な業種の場合、資本金要件がないか、設立前によく確認しておくこと

08

会社設立手続きは自分でやっても、専門家に依頼しても費用は同じくらい

　ここで、会社設立にあたって必要な費用について簡単に紹介しましょう。

　会社設立でかかる費用は、主に登録免許税、定款認証費用、定款印紙代の3つです（図表7）。

図表7

	株式会社	合同会社
登録免許税	150,000円	60,000円
定款認証費用	52,000円	－ （不要）
定款印紙代	**40,000円**	**40,000円**
合計	242,000円	100,000円

　この他にも、登記事項証明書（いわゆる登記簿謄本）や代表者印鑑証明書（法務局で登録されます）の取得に1,000～2,000円程度が必要です。

　定款について、PDF形式で作成し、電子署名がされた定款を「電子定款」といいますが、この電子定款を利用すると、定款印紙代4万円（太字部分）が不要となります。ただし、電子定款の作成には、指定されたソフトウェアの導入や、役所などでの電子署名の取得が必要となるので、目先の節約にとらわれず、収支や時間をしっかりと確認したうえでの判断が必要です。

　最近では、4万円の印紙代程度の報酬で司法書士などの専門家に会社設立を依頼することも可能です。つまり、自分で全て作業をし、紙の定款での会社設立をするのであれば、専門家に依頼して電子定款で処理してもらえば、結果的に同じくらいのコストで済んでしまうのです。

図表8　コストの違い

	全て自分で	専門家に依頼
定款認証費用	52,000円	52,000円
収入印紙代	40,000円	0円
登録免許税	150,000円	150,000円
専門家報酬	0円	48,000円
最低限必要な費用	**242,000円**	**約250,000円が相場**

⇒ 専門家に依頼しても、総額はほとんど変わらないことが多い

通常、電子定款作成には、準備に約40,000円がかかるため、紙の定款の場合で比較。

　会社設立は起業のスタートとなる重要なイベントです。プロである専門家に依頼して時間を有効活用するのも起業準備の効率的な進め方といえるでしょう。そのことが結果的には、会社設立時の誤った選択が引き起こす各種の「地雷」を踏まずに済むことにもつながるのです。

───── 失 敗 パ タ ー ン ─────

・バーチャルオフィスを本店所在地として、銀行口座を作れない
・個人信用情報に事故情報が載っている人を代表者にする
・少額の資本金で会社設立をしたため、許認可を通せない
・専門家に事前相談することなく、Web上のツールで簡単に会社設立手続きを進める

以下の悩みや疑問はないか、あらためて考えてみよう
（心配だったら、専門家に相談しながら会社設立をしたほうが無難）

	よくわからなくて、迷い、悩み、心配しがちな項目
☑	会社設立をするには何から手をつければいいのかわからない
☑	会社設立で事前に用意するべきものがわからない
☑	どうしても1週間後までに会社設立したいが間に合うか
☑	会社設立の手続きに掛ける時間が確保できそうにない

PART 1　ビジネスモデル・会社設立

- ☑ 定款を自分で作成できるか不安だ
- ☑ 個人事業と会社設立。自分の場合、どちらがいいのか
- ☑ 株式会社と合同会社。自分の場合、どちらがいいのか
- ☑ 自宅を本店所在地としても大丈夫か。注意点はあるか
- ☑ どんなバーチャルオフィスを選べば後で問題にならないか
- ☑ 社名をどうやって決めたらいいか。注意点はあるか
- ☑ 事業目的はどうやって決めればいいのか
- ☑ 役員は自分一人でも会社設立できるのか
- ☑ 外国人や法人を発起人にできるのか
- ☑ 役員の任期は何年にするのがいいか
- ☑ 資本金をいくらにすればいいのか
- ☑ 税金と資本金との関係は？
- ☑ 創業融資と資本金の関係は？
- ☑ 株数や一株当たりの金額をいくらにすればいいかわからない
- ☑ 資本金の払込みのやり方がわからない
- ☑ 機材を現物出資したいがどうやってすればいいか
- ☑ 監査役は必ず必要か
- ☑ 取締役会は設置しなければならないのか
- ☑ 公開会社と非公開会社（株式譲渡制限会社）の違いは？
- ☑ 事業年度はどうやって決めればいいのか
- ☑ 物件の契約、会社設立、許認可、融資、どこから手をつければいいのか
- ☑ 法人の銀行口座は、どのタイミングで作るのか
- ☑ 会社設立のタイミングによって、補助金や助成金の受給に影響はあるか
- ☑ やろうとしている事業は許認可が必要ではないのか
- ☑ 許認可を通すために必要となる会社設立の方法は？
- ☑ 個人事業から法人成りをする場合、どんな手順となるか
- ☑ 副業で会社設立する場合、問題になることは何か

PART

02

商品
・
サービス設計

01

ターゲット（標的顧客）を考えているか

　どのようなビジネスモデルも、以下の3つの要素の組み合わせで成り立っています。それぞれが深い意味を持ち、選択次第で成功か失敗かを分けてしまいます。

- 誰に
- 何を
- どのように売るか

　これから起業する人も、起業後伸び悩んでいる人も、これらの要素をそれぞれ突き詰めて考え、改良しながら繰り返し多くのパターンを試していけば、成功に近づくことができるでしょう。ここでは、この3要素についてそれぞれ考えてみます。

　まずは、自社の製品・サービスは「誰に」適しているのか、つまり、ターゲットをきちんと「絞り込む」必要があるということです。やみくもにやっていてもうまくいきません。例えば、ある化粧品会社がターゲットとするお客様に向けてTVコマーシャルを作るとします。どんなタレントを起用するか、どんな曲を使うか、どんなメッセージを発信するか。何歳くらいのどんな人に向けて発信するのかが決まっていなければ、視聴者の心に刺さりません。それと同じことです。

　そのために、自社の製品、サービスを使う人をより具体的にイメージする。これを「ペルソナ設定」といいます。

　さて、ここで、ある大企業のペルソナ設定をご紹介しましょう。どこの企業のものかを考えてみてください。

- 事務担当のOL久美子さん
- 久美子さんの会社は雑居ビルの4Fにある中小企業
- 4Fだがエレベータはない
- 文房具など事務用品の調達は彼女の仕事
- 忙しい仕事の合間に近くの文房具店に買い物に出る
- 出がけに慌ただしく追加注文を受けて、メモを取る
- 消耗品をストックしておくスペースがない
- トイレットペーパーやコピー用紙のような大物は事前に買い物の計画を立てておく必要がある（在庫管理をしなければならない）
- 雨の日に重たいコピー用紙の入った袋を提げて階段をかけ上がる
- 仕事が中断され、残業になってしまい夜の予定が立てにくい

※参考：楠木建『ストーリーとしての競争戦略──優れた戦略の条件』（東洋経済新報社、2012年）

　おわかりになりましたでしょうか。正解は、ASKUL（アスクル株式会社）の、会社設立時のペルソナ設定といわれているものです。ペルソナ設定をしておくことが、いかに大切かを知る好事例かと思います。

「お客様を絞るのが怖い」という悩みもよく聞きます。わざわざお客様を絞ってしまったら、売上が減るのではないかという不安からくる悩みですが、ただ、それでうまくいっているのかということを冷静に検証していただきたいと思います。ターゲットも絞らずに、どんな料理も提供している街の定食屋と、ターゲットを絞り、イチ推しメニューを前面に出して勝負している飲食店を思い浮かべたとき、流行っているのは後者というケースのほうが多いのではないでしょうか。

　ぜひ一度、自社のペルソナ設定を明確化してみてください。すべての経営要素をそれに合わせる形をとれば、よくなっていくはずです。

―――――――――― 失敗パターン ――――――――――

ターゲットについてのペルソナ設定を深く考えていない

PART 2　商品・サービス設計　43

自社のペルソナ設定を書き出してみよう

- ○
- ○
- ○
- ○
- ○
- ○

構想ノート（事業のコンセプト）を書いてみよう

	具体的イメージ	例
誰に		・30〜40代の男性 ・ビジネスパーソンが中心 ・関東近郊在住
何を		・会社設立、融資・補助金、税務会計、労務、許認可などの支援 ・集客やマーケティングのアドバイス、人脈紹介まで行う
どのように売るか		・窓口1つで総合サポートを提供 ・起業家が負担しやすい価格帯 ・無料相談も実施 ・集客はWeb中心

02

提供価値は何かを再確認してみる

次に、「何を」の部分を考えてみましょう。

1 提供する商品・サービスは、幅を広げて考えてみる

昔から、世の中にあるビジネスを突き詰めて類型化すると、必ず、以下7つのどれかに当てはまるといわれています。

- 仕入れて売る
- 作って売る
- 貸す
- 代行する
- 教える
- 施す
- もてなす

あるビジネスモデルが思い浮かんだら、それに関連して、他の類型に属するビジネスも同時に行うということを考えてみてもいいでしょう。例えば、「仕入れて売る」ことをしつつ「貸す」、あるいは「教える」ことをしつつ「代行する」というようなイメージです。

最初の資金のない間は「代行する」のみとしつつ、資金ができた時点からは「仕入れて売る」も手がけるなど、時間軸を加えて考えることもできます。これを機に、ご自身のビジネスモデルを俯瞰し、幅を広げることの可能性を考えてみてはいかがでしょうか。

2 本質的な提供価値は何か

あなたがお客様に提供する商品・サービスの本質は何でしょうか。そもそも、何をお客様に提供しているのでしょうか。

PART 2　商品・サービス設計　　45

例えば、コンビニを考えてみてください。単に「並べている商品を売っている店」というよりも、近所にあって、いつ行っても必要なものが買えるという「便利さ」こそが提供価値なのではないでしょうか。だからこそ、値下げをしなくても売れるのです。アパレルのセレクトショップであれば、おしゃれな服を選んで並べるという「センス」が本質的な提供価値といえるでしょう。

　このように、具体的な商品・サービスにとどまらず、ビジネスモデル全体でお客様に提供しているものを「提供価値」といいます。これを機に、ご自身のビジネスの提供価値を突き詰めてみてください。

3 販売価格・市場でのポジショニングはどうか

　では、商品・サービスの販売価格はどう設定すべきでしょうか。価格を設定する際に留意すべき点は数多くありますが、主には以下のようなものがあります。

- 価格は平均より高いか／低いか
- 商品・サービスのクオリティは一般的なものか／上質なものか
- 扱っている商品・サービスはレアなものか／ありきたりなものか
- 価格とクオリティを総合的に見て、「値頃感」はあるか
- ターゲット客層から見て、無理なく買える価格か

　また、失敗事例としてありがちなものに、ポジショニングを考えずにライバルだらけのゾーン（レッドオーシャン）で勝負してしまうケース（例えば、大手企業が多数参入している280円居酒屋と競合するような店を、すぐ近隣で出店してしまうようなケース）が挙げられます。激しい競争の中、起業したばかりの会社が生き残るのは至難の業です。何の工夫もなくレッドオーシャンで大手企業と張り合っても勝てる見込みは少ないですよね。できる限り、ライバルがいないゾーン（ブルーオーシャン）を模索し、そこで勝負をしましょう。

　こうした失敗を避けるためには、市場全体の今の情勢や近未来の情勢をよく分析することです。競合他社がどんな展開をしているのか、市場をよく見極めましょう。ポイントは、他社にないような自社の強みを活かしたときに勝てる

ゾーンを見つけることです。

――――― 失 敗 パ タ ー ン ―――――

自社の顧客への提供価値を本質的に理解していない

自社の提供価値は何かをあらためて書き出してみよう

あらためて自社の商品・サービスについて考えてみよう

もう一度考えて みるべきこと	書き出し例	書き出してみよう
どんな商品・ サービスのメ ニューを提供す るか	本場広島風お好み焼き、 ドリンク（アルコール、 ソフト）海鮮焼き	
イチオシのメ ニューは何か	スペシャル焼き	
ユーザーが得る メリット・価値 は何か	厳選した食材にこだわっ た本場の広島風お好み焼 きが食べられる	
事業の社会的意 義／目的は何か	お客様が、広島に行かず とも本場の広島風お好み 焼きが食べられる。古く から伝わる伝統の食文化 を受け継ぐことができ る。広島の素晴らしさを 伝え、関心を持ってもら うことで、広島の認知度 が向上する。	

PART 2　商品・サービス設計　　47

販売価格はどうか	豚玉焼き850円、スペシャル焼き1,600円。海鮮焼きは1,000円と1,400円の2種類。ドリンクは生ビール480円、広島県産清酒一合700円ほか	
無理なく買えるか／値頃感はあるか	競合店を見ても同一の価格帯、同じ価格帯で本場が食べられるので値頃感がある	
市場でのポジショニングはどうか	競合店と同一の価格帯だが、厳選した食材で製法にもこだわった本場の広島風お好み焼きを提供するポジションとする	
市場はレッドオーシャンか／ブルーオーシャンか	周辺の外食店舗は飽和状態だが、本場の広島風お好み焼きを提供する店舗はない。本場の広島風お好み焼きという観点ではブルーオーシャンである	
プロダクトアウトになっているか	TVで話題の「まっちゃん」銀座店は連日行列ができる。都内でも本場の広島風お好み焼きへのニーズがあることの現れである	

03

どのように売るか（集客・販売チャネル）

　次に、どのように集客して売るか、「具体的に」書き出してみましょう。その際、自分自身で、ビジネスモデルや売り方について再検証することをお勧めします。まずは、以下のようなことを書き出してみましょう。

- 集客チャネルは何を想定しているか（ホームページ／ポータルサイト／SEO／リスティング広告／口コミ・紹介／代理店制度／手まきチラシ／ポスティング／フリーペーパー　など）
- ターゲット客層との相性はどうか（集客の施策はターゲット客層とどんな風に相性がいいか）
- どのタイミングから実施するか（集客の施策はいつから実施するか／いつまでか）
- 集客の頻度はどうするか（随時か／月・週に何回か　など）
- 集客の効果が表れるのはいつからか
- 誰が担当するか（ホームページは誰が作るか／チラシは誰がまくか　など）
- コスト／予算はどうか（そのコストはいくらか／予算は月いくらまでを想定するか）
- 複数の集客チャネルをどのように組み合わせるか（効果的な集客チャンネルの組み合わせは何か／なるべく多くの集客チャネルを維持するにはどうすべきか／効果が出なかった場合にどの時点で諦めるか）
- どんなイメージで打ち出すのか
- どんなキーワードを設定するか（SEOやリスティング広告で重視するキーワードは何か／そのキーワードは合っているか・効果的か　など）

どんな売り方を想定している?簡潔に書いてみよう

○ （例）あまり広告費を掛けず、SNSや口コミを中心とし、一度はランチを体験してもらえるような販促をしていく。ランチタイムでの行列を目指す

○

このようなマーケティング戦略を採る理由は?具体的に書いてみよう

○ （例）東京で本場の広島風お好み焼きを味わえることを知ってもらう。値頃感のあるランチで体験してもらい、ディナー、宴会へとつなげる

○ （例）行列による認知度向上によりメディアへの露出を目指す

○

○

○

集客チャネルやリピートの方法について考えてみよう

集客チャネルは？	どうやってリピートしてもらう？
・（例）ぐるなびや食べログなどWebポータルサイトでの集客 ・（例）ランチでのチラシ配布 ・（例）駅前や店頭でのチラシ配布 ・ ・ ・ ・	・（例）スタンプカード ・（例）顧客の趣向に合わせた特典

---- 失 敗 パ タ ー ン ----

・集客方法について、検討が浅い、圧倒的な実行が足りていない

集客・販売方法について検証してみよう

○ 集客チャネルは何を想定しているか

○ ターゲット客層との相性はどうか

○ どのタイミングから実施するか

○ その頻度はどうするか

○ 集客の効果が表れるのはいつからか

○ 誰が担当するか／誰に依頼するか

○ コスト／予算はどうするか

○ 複数の集客チャネルをどのように組み合わせるか

○ どんなイメージで打ち出すのか

○ どんなキーワードを設定するのか

04

絶えず競合調査、競合分析をしよう

あなたが何らかの商品・サービスを購入するとき、いくつかの会社（お店）をじっくりと比較したうえで購入しているケースが多いのではないでしょうか。

あなたが選ばれる側になった場合でも同様です。当然、ターゲット客はあなたの会社（お店）と他社（他店）とを比較検討します。このため、自社とちょうどバッティングする事業を行っている会社（お店）の商品・サービスについて、絶えず調査・分析しておかなければなりません。

まず知るべきは、競合他社が各経営要素で、どのような展開をしているのかです。Web検索での調査、楽天ランキングなど消費者側の属性や評価コメントが掲載されているサイトの調査、ベンチマークにしている会社の商品のサンプル購入・資料請求、同じ商圏にある競合他店の前での張り込み調査、同じ商圏にある競合他社の店舗の現地調査、駅からの導線上にある競合店の調査、商圏がかぶらない先輩経営者からのヒアリングなど、まずは大量の情報を集めましょう。それを表に落とし込むのです（図表9）。

そして、「他社（他店）が自社（自店）よりも優れている点」と「自社（自店）が他社（他店）よりも優れている点」をそれぞれ5つずつ書き出してみましょう。いうまでもありませんが、他社（他店）が自社（自店）よりも優れている点については、できる限り参考にして取り入れたり、マネしたりします。自社（自店）が他社（他店）よりも優れている点については、さらに磨きをかけて他社をさらに突き放します。

大事なのは、「日頃から調査して考える習慣をつけること」「経験、体験から考え語ること」「実際にお客様をやってみること」です。

図表9

	当店	鉄板焼き源太	おこのみん
ターゲット顧客	周辺に勤務するビジネスマン、買い物客や広島県出身者、広島に興味のある方々	40～60代の地元の住民、ビジネスマン	若い女性、ファミリー層、買い物客
ニーズ	本場の広島風お好み焼きが食べたい。広島を知りたい	お好み焼き、もんじゃ焼き、おつまみなど鉄板焼きを食べたい	お好み焼き（まぜ焼き）が食べたい
商品・サービスの質	地元の人もうならせる広島産を中心とした最適な食材とレシピ、焼き方で本場の広島風お好み焼きを提供する	お好み焼き、もんじゃ焼き、おつまみなど鉄板焼きを提供、海鮮焼きのタレが独特でおいしい	顧客が自分で焼いて食べるセルフサービスタイプ。特にこだわりのない一般的なお好み焼き
技術	自家製ソース、独自のレシピの開発力、素材のうまみを最大限に引き出す、仕込みと焼き方	タレの開発技術、メニュー開発力	チェーンオペレーションのため運営効率が良い。プロモーションがうまい
価格	豚玉焼き850円、スペシャル焼き1,600円。海鮮焼きは1,000円と1,400円の2種類。ドリンクは生ビール480円、広島県産清酒一合700円ほか	海鮮焼き　1,600円、豚玉焼き　1,200円ドリンクは生ビール550円、サワー　450円、清酒一合　500円	豚玉焼き　1,250円　タマゴチーズ焼き　1,000円ドリンクは生ビール　550円、カクテル　500円
ブランド	本場の広島風お好み焼き、広島コンセプト	創業30年になる地域密着型店。古くから通う常連ファンが多い	都内で10店舗を展開するお好み焼きチェーン店。主要ターミナル駅の商業施設に出店しており、TVでも取り上げられている
販売方法	店内での飲食、テイクアウト	店内での飲食	店内での飲食

	当店	鉄板焼き源太	おこのみん
プロモーション	ぐるなびや食べログなどWebポータルサイトでの集客、ランチでのチラシ配布、駅前や店頭でのチラシ配布、スタンプカードによるリピート促進	常連客の口コミ	TVでの取材、フリーペーパー、ぐるなびや食べログなどWebポータルサイト
強み、弱み	強み：本場の広島風お好み焼きが提供できる 弱み：「まっちゃん」ブランドは利用できないため、知名度がない	強み：地元での知名度が高い、海鮮焼きは美味しい 弱み：お好み焼き、もんじゃは家庭でも食べられるレベル	強み：画一的なチェーンオペレーション、広告宣伝 弱み：一般的なお好み焼きの提供、接客が事務的
資本金、規模	資本金　300万円	資本金　300万円	資本金　1億円
売上、数量など	月商　300万円見込み	月商300万円程度と推測	月商600万円程度と推測
重要成功要因	広島県産と中心とした食材へのこだわり、伝統のレシピや焼き方を守りぬく技術、仕入先との良好な関係、従業員への能力開発	地元で30年営業しており、常連客が多い。海鮮焼きのタレがうまいと評判	画一的なチェーンオペレーション、メディア戦略

───── 失敗パターン ─────

ライバル他社（他店）について十分な競合調査・分析を怠った結果、
負けている要素がある、あるいは強みが引き出せていない

競合分析表を書いてみよう

ターゲット顧客			
ニーズ			
商品・サービスの質			
技術			
価格			
ブランド			
販売方法			
プロモーション			
強み、弱み			
資本金、規模			
売上、数量など			
重要成功要因			

他社のいいところを5つ挙げてみよう

↓↓↓

どんな点を自社（自店）に取り入れるか
・
・
・

自社が他社に勝てる部分を5つ挙げてみよう

↓↓↓

自社（自店）のどんな点に磨きをかけ、さらに伸ばしていくか
・
・
・

　ここでさらに、業界内での自社（自店）のポジションを考えてみましょう。競合調査・分析の結果を踏まえて、ポジショニングマップに落とし込んでみるのです。

　競合分析表の項目から、自社が重視したい2つの要素を、それぞれ縦軸または横軸に配置します。そして、その中で、自社（自店）、他社（他店）が現状でどこに位置するのかをプロットし、また、将来的に自社（自店）が業界内でどの位置を目指すのかを検討するのです（図表10）。

図表10

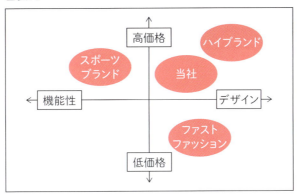

ポジショニングマップを書いてみよう（自社のポジションはどこに位置するか、どの位置を目指すかを考えてみよう）

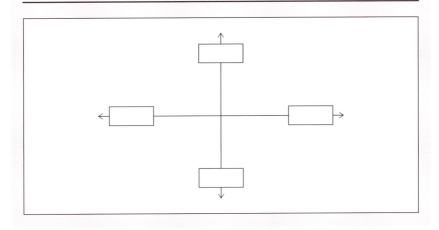

PART 2　商品・サービス設計　　57

05
売れない場合には、その価格が本当に適正かを検証する

1 お客様の都合で価格は決まる

　商品・サービスがなかなか売れない場合には、価格について十分に検証してみましょう。よくある失敗パターンは、「1個（1回）当たりいくらで売らなければ、元が取れない／固定費を回収できない／生活できない」といった、売る側の都合だけで価格を決めてしまうことです。

　購入するお客様には、こうした売り手の事情はまったく関係ありません。当然、お客様は「もっと安いところはないか」「要らない機能もあるからもっと安くならないか」「よいサービスだが、予算的にどうか」など、お客様側の都合で購入するかどうかを検討します。

　この両者の都合に折り合いをつけるのが商売の基本です。「その売価なら大多数（8割）の人が買いたいと思う値ごろ価格」のことを経営用語で「プライスポイント」といいますが、提供する商品・サービスのプライスポイントがどこにあるのか、もしくは、採算ライン以上を確保しつつ、プライスポイントで提供することができる商品・サービス設計は何かをじっくりと探ることが大切です。

2 フロントエンド商品、バックエンド商品、無料オファの考え方

　いきなり高い価格の商品・サービスを売ろうとすることも、よくある失敗パターンです。

　相手から見れば、初めて見る会社から商品やサービスを購入するのは、リスクもあり、とても怖いものです。起業したばかりの会社の商品・サービスだとしたら、なおさらでしょう。

　そこで知っておきたいのは、「フロントエンド商品」「バックエンド商品」「無料オファ」という考え方です。この考え方は、マーケティングにおいて極めて重要な考え方ですから、必ず理解しておきましょう。

フロントエンド商品
「集客商品」ともいい、買ってもらいやすい価格に設定して何とか一度買ってもらう、お客様を呼び込む／お客様と接点を作るための商品のこと。

バックエンド商品
「本命商品」ともいい、最終的に買ってもらいたい利幅の大きい本命の商品のこと。バックエンド商品を買ってもらうことによって利益を確保することができ、会社の存続を図ることができる。

無料オファ
　無料で提供、体験してもらえるような商品・サービスのこと。お客様を呼び込む／接点を作るために、フロントエンド商品よりも、さらに踏み込んで無料に設定する商品・サービスをいう。

　例えば、居酒屋ではランチがフロントエンド商品で、夜の飲み会はバックエンド商品、通販化粧品ではお試しセットがフロントエンド商品、定期購入がバックエンド商品、ピアノ教室では無料体験レッスンが無料オファ、1回のみのレッスンがフロントエンド商品、月謝制のレッスンがバックエンド商品という関係になります。

　近頃のマーケティングでは、無料オファやフロントエンド商品の購入の際にお客様との接点を作ることが重視されています。無料オファやフロントエンド商品の購入の際に顧客情報を得て、別途バックエンド商品の告知をしていくこともできます。

　これを機に、本丸であるバックエンド商品を売るために、その前に置くべきフロントエンド商品は何に設定するか。さらには、フロントエンド商品を買うまでの心理的な壁を取り除くための無料オファを何か置くのかを検討してみましょう。

3 アップセル、ダウンセル、クロスセル、パッケージセルの考え方

　さらに知っておきたいのが、「アップセル」「ダウンセル」「クロスセル」「パッケージセル」の考え方です。お客様の要望はそれぞれです。画一的な対応ではなく、それぞれのお客様の事情や要望に応えられるようなメニューを用意しておくとよいでしょう。

アップセル

「通常の名刺を発注しようとしているお客様に、二つ折りのオリジナルデザインの名刺を発注してもらう」のように、ある商品・サービスを購入しようとしている顧客に対し、それよりも上位の価格帯の商品・サービスを売ること。予算のある顧客への対応として付加価値の高い商品・サービスを用意しておく。

ダウンセル

「通常50万円のフルオーダーのホームページ作成では予算オーバーのお客様には、簡易作成の30万円の低価格版をお勧めできるようにしておく」のように、ある商品・サービスを購入しようとしている顧客に対し、それよりも下位の価格帯の商品・サービスを売ること。特に予算オーバーの顧客への対応として想定しておく。

クロスセル

「ホームページ作成サービスを発注したお客様に、会社案内・パンフレットの作成もサービスもご案内する」のように、ある商品・サービスを購入しようとしている顧客に対し、別の商品・サービスも売ること

パッケージセル

「起業家向けに、名刺、ホームページ、会社案内がセットになった起業家販促セットを設けておく。さらには、SEO、リスティング広告についてのコンサルサービスをセットにしたものを設定しておく」のように、ある用品・サービスを購入しようとしている顧客に対し、それと関連する商品・サービスもさらにまとめてセット購入してもらうこと（パッケージ商品として設定しておくことが必須）。

失敗パターン

いきなり高い商品・サービスを売ろうとしてまったく売れない

フロントエンド、バックエンド、無料オファを考えてみよう

フロントエンド	
バックエンド	
無料オファ	

アップセル、ダウンセル、クロスセル、パーケージセルの可能性を検証しよう

アップセル	
ダウンセル	
クロスセル	
パッケージセル	

PART 2　商品・サービス設計

MEMO

PART
03

財務
・
資金調達

01

創業期の資金計画の基本を
しっかり押さえよう

　起業を考えたとき、自身の確認のためにも、まずは事業計画書を書いてみることが非常に大切です。中でも、数字の部分の計画（＝資金計画）をきちんと立てられるかどうかが成功の第一関門ともいえます。

1 事業全体でかかるお金を計算してみよう

　事業を始めるとき、資金計画は「単純に積み上げていった場合、想定する事業全体でかかるお金はいくらか」と「事業にかけられるお金（自己資金＋他人から集めるお金）はいくら用意できるか」の2つのアプローチから考えてみましょう。

(i) 単純に積み上げていった場合、想定する事業全体でかかるお金はいくらか

　まずは、単純に積み上げて、事業全体でかかるお金を算出してみましょう。大きく分けて、「設備資金」と「運転資金」に分けて考えます。

- 設備資金：設備など金額の大きい初期投資にかかる資金（例：パソコン、Webサイト、システム開発費、内装工事、机、イス、オフィスの敷金・保証金　など）
- 運転資金：仕入、家賃、人件費など運営上毎月必要なコスト（例：仕入資金、給与、外注費、交通費、通信費、家賃、交際費、会議費、支払手数料、税理士顧問料　など）

　設備資金と運転資金が把握できれば、「設備資金＋運転資金×3ヶ月分」の計算で事業全体でかかるお金を算出することができます。

　不明な金額があれば、Webで調べたり、必要があれば業者に見積書を依頼したりと、情報収集し、以下のように表に書き入れていきましょう（図表11・図表12）。

図表11　設備資金（設備など金額の大きい初期投資にかかる資金）

オフィス・店舗の敷金・保証金	1,250,000円
内外装、看板作成費など	4,710,000円
車輌など	0円
机、テーブル、イスなどの備品	2,055,000円
パソコン・プリンタなどの機器	100,000円
ソフトウェアなどの開発費	0円
フランチャイズの加盟金など	0円
①設備資金合計	8,115,000円

図表12　運転資金（仕入、人件費、諸経費など会社の運営上必要な資金）

仕入資金	700,000円
役員報酬	300,000円
従業員等給与	600,000円
社会保険料	115,000円
外注費	0円
旅費交通費	30,000円
通信費	20,000円
家賃	230,000円
水道光熱費	100,000円
広告宣伝費	50,000円
会議費	5,000円
交際費	10,000円
消耗品費	50,000円
税理士等顧問料	40,000円
リース料	15,000円
支払手数料	17,000円
荷造運賃送料	0円
支払利息	12,500円
②1ヶ月分の運転資金小計	2,294,500円
③運転資金合計（②×3ヶ月分）	6,883,500円
必要資金＝①＋③	14,998,500円

PART 3　財務・資金調達　　65

事業全体でかかるお金（＝必要資金）を把握しよう

○ 設備資金（設備など金額の大きい初期投資にかかる資金）

オフィス・店舗の敷金・保証金		円
内外装、看板作成費など		円
車輌など		円
机、テーブル、イスなどの備品		円
パソコン・プリンタなどの機器		円
ソフトウェアなどの開発費		円
フランチャイズの加盟金など		円
①設備資金合計		円

○ 運転資金（仕入、人件費、諸経費など会社の運営上必要な資金）

仕入資金		円
役員報酬		円
従業員等給与		円
社会保険料		円
外注費		円
旅費交通費		円
通信費		円
家賃		円
水道光熱費		円
広告宣伝費		円
会議費		円
交際費		円
消耗品費		円
税理士等顧問料		円
リース料		円
支払手数料		円
荷造運賃送料		円
支払利息		円
②1ヶ月分の運転資金小計		円
③運転資金合計（②×3ヶ月分）		円
必要資金＝①＋③		円

(ii) 事業にかけられるお金（自己資金＋他人から集めるお金）はいくら用意できるか

　事業全体でかかるお金が大まかに把握できたら、それを自己資金だけで賄うことができるかを考えてみましょう。「自己資金」とは、自分の手持ち資金のうち、事業にかけられるお金のことをいい、普通預金、定期預金、株やFX、仮想通貨等の売却金額、生命保険の解約返戻金などから捻出します。今後もらえる予定の賞与なども計画に入れて計算してみましょう（図表13）。

図表13　自己資金計画の例

項　　　目	金　　　額
貯金	300万円
退職金	0万円
株の売却	0万円
生命保険解約返戻金	0万円
母親からの援助（贈与）	0万円
自己資金合計	300万円

起業するまでに自己資金としていくら確保できるか、書き出してみよう

項　　　目	金　　　額
	円
	円
	円
	円
	円
自己資金合計	円

(iii) 足りない分を工面する方法はあるか

　自己資金の合計で賄えない部分があるとすれば、「日本政策金融公庫など公的な創業融資を利用する（借りる）」（次項参照）あるいは「誰かに出資してもらう」など、他の方法で工面することを考えます。

PART 3　財務・資金調達　　67

―――――― 失 敗 パ タ ー ン ――――――

いくらかかるか正確に把握せずに起業し、後でお金が足りなくなる

02

公的な創業融資制度の基本をマスターする

　自己資金だけで賄えない場合、公的な創業融資制度を活用して資金を借りるのが一般的です。主な創業時の公的な創業融資には、以下のようなものがあります。それぞれについて簡単にご紹介しましょう（各融資制度の比較は図表14を参照）。

- 日本政策金融公庫（以下「公庫」）の新創業融資制度
- 公庫の中小企業経営力強化資金
- 公庫の資本性ローン
- 都道府県、市区町村などの制度融資（創業融資）

1 公庫の新創業融資制度

公庫の新創業融資制度の特徴は以下のとおりです。

起業家への融資に積極的
　公庫は政府系金融機関で、民間金融機関よりも積極的に起業家への融資を行います。

無担保・無保証人、連帯保証人署名が不要
　公庫の新創業融資制度では、原則として無担保・無保証人です。経営者本人の連帯保証人としてのサインすらも基本的には不要です。

融資実行までが早い
　自治体の創業融資に比べると、公庫の新創業融資制度は融資実行までの期間が非常に短いのも特徴の1つです。通常でも申込みから融資実行までが1週間～数週間程度で、素早い事業展開が可能です。

自己資金の要件が緩い
　自治体の創業融資の大半は1／2の自己資金割合が基準とされていますが、公庫の新創業融資制度の自己資金割合は1／10が要件とされています。

許認可にも比較的柔軟に対応
　通常、許認可の取得が必要な業種では、監督官庁の許認可が通らないと融資を実行してもらえません。そのため、設備資金（保証金の支払・内装費・厨房機

器など）は自己資金で立て替える必要があります。この点、公庫の融資では許認可がおりる前に設備資金の借入れが可能なケースもあります（飲食業など）。

2 公庫の中小企業経営力強化資金

　公庫には、特筆すべきもう1つの融資制度として中小企業経営力強化資金があります。その特徴を以下にご紹介します。

比較的低金利
　新創業融資制度よりも0.25％程度金利が低く設定されています。

無担保・無保証人枠の実質的な拡大
　新創業融資の融資限度額は表面上では3,000万円ですが、実際には1,000万円を超えると本店決裁となるため、一気にハードルが上がります。ところが、中小企業経営力強化資金は無担保・無保証人での支店決裁枠が2,000万円までとされています。

自己資金要件なし
　新創業融資制度では、創業資金のうち1／10以上の自己資金を用意することが要件とされていますが、中小企業経営力強化資金ではこの要件はありません。

認定支援機関のサポートが必須
　中小企業経営力強化資金を利用するには、認定支援機関（※）の助言と指導を受けることが必須要件となっています。税理士事務所が認定支援機関の認証を受けているケースも少なくないので、顧問税理士を探す際に、その税理士事務所が認定を受けているかを確認するとよいでしょう。
※認定支援機関（経営革新等支援機関）：国が認定した中小企業などの経営支援を行う機関のこと。専門知識や、実務経験が一定レベル以上の者に対し、国が認定する。金融機関、税理士など、全国で約32,000機関が認定されている（2019年4月20日現在。http://www.chusho.meti.go.jp/keiei/kakushin/nintei/kikan.htm）。

指定の事業計画書の作成が必要
　中小企業経営力強化資金を利用するには、公庫指定の事業計画書の書式を書いて提出する必要がありますので、認定支援機関の助言と指導に沿って仕上げることになります。

定期的な報告が必要
　中小企業経営力強化資金で融資を受けた場合は、1年ごとに公庫に経過報告をする必要があります。A4用紙1枚程度の内容ですが、やや手間が増えるといえるでしょう。

フランチャイズはダメ
　中小企業経営力強化資金では、新規性、独自性のある事業を対象としているため、原則的として、フランチャイズに参画する形での起業は対象となりません。

3 公庫の資本性ローン

日本政策金融公庫には、「資本性ローン」という融資制度もあります。資本性ローンは元金の返済を支払期限に一括して返済するというタイプの融資制度で、融資を受けた企業は返済期限まで元金の返済が猶予され、期間内は利益に連動した利息を支払います（2000万円を資本性ローンで7年間借り入れた場合、7年間は利息だけを支払い、7年後に2000万円を一括で返済します）。

元金の返済が相当先まで待ってくれるため、事業化に時間がかかるベンチャー企業に適した融資制度といえるでしょう。返済期限までは返済しなくてよく、長い時間、会社にお金が残るという点で資本金的な性質があることから、「資本性ローン」と呼ばれています。

資本性ローンのメリットは、「元金の返済を長い間待ってくれる」「金利は利益に連動するため、利益がないときは金利負担が軽減される」「長い間元金の返済がないため、融資審査上資本金とみなされる場合がある」という点ですが、一方で「審査が厳しく、時間がかかる」「対象事業の要件が先進的なものに限られる」「返済期限での一括返済という制度の性質上、返済時点で資金的な余裕がない場合、一気に資金ショートになり、返済できないという状況に追い込まれる」「金利が利益に連動するので、利益が出ているときは金利負担が大きくなる」といったデメリットがあります。

4 自治体の制度融資

公庫だけでなく、都道府県、市区町村などの自治体も制度融資を設けているケースがあります。こうした自治体の制度融資の特徴を以下にご紹介しましょう。

金利が低い
多くの自治体の制度融資では、利息の一部を自治体が負担する利子補給制度が用意されており、結果的に1％未満というかなり低い金利になることが少なくありません。

融資実行まで時間がかかる
自治体の制度融資のデメリットとして、融資実行までにかなり長い期間を要す

ることが挙げられます。店舗やオフィス物件を早く押さえたい場合は向いていないといえるでしょう。

自己資金要件が厳しめ

こちらもデメリットの1つですが、公庫よりも自己資金要件が厳しめに設定されています。

許認可がおりないと融資実行不可

自治体の制度融資は監督官庁の許認可を得てからの借入れとなりますので、設備投資（店舗入居費・内装費・厨房機器など）を終えないと許認可が取得できない飲食業などでは、設備資金を自己資金で立て替える必要があります。

図表14　創業融資制度の比較

	必要な自己資金の割合	年利	審査スピード	代表者連帯保証	特徴	向いているケース
日本政策金融公庫新創業融資	1／10	2.51％	数週間〜1ヶ月程度	不要	・審査スピードが速い ・自己資金要件が緩い ・無担保・無保証人 ・融資限度額3,000万円（実質的には1,000万円）まで	・一刻も早く融資を受けたい場合（物件取得が必要な業種など） ・フランチャイズの場合 ・許認可取得前でも借入れが必要なケース（特に飲食業）
日本政策金融公庫中小企業経営力強化資金	要件なし	2.26％	数週間〜1ヶ月程度	不要	・自己資金要件なし ・無担保・無保証人 ・融資限度額2,000万円まで ・認定支援機関のサポートが必須 ・フランチャイズ不可	・一刻も早く融資を受けたい場合（物件取得が必要な業種など） ・自己資金が少ない場合 ・1,000万円超の融資が必要な場合 ・認定支援機関である税理士などに支援してもらえる場合 ・許認可取得前でも借入れが必要なケース（特に飲食業）

	必要な自己資金の割合	年利	審査スピード	代表者連帯保証	特徴	向いているケース
日本政策金融公庫資本性ローン	要件なしの場合あり	1%～6.2%	2～3ヶ月程度	不要	・無担保・無保証人 ・融資限度額4,000万円まで ・元金は期限に一括返済	・元金の返済を長期間待ってもらいたい場合 ・利益がないときに金利負担を軽減させたい場合 ・事業化に時間のかかるベンチャー企業 ・3,000～4,000万円の融資が欲しいベンチャー企業 ・融資実行までに時間がかかってもいい場合
市区町村制度融資	1／2	利子補給を受けられる結果、1%未満程度	2～6ヶ月程度	必要	・圧倒的に金利が低い ・融資を受けるまでに非常に時間がかかる ・自己資金要件が厳しい	・自己資金が豊富にある場合 ・融資実行までに時間がかかってもいい場合
都道府県制度融資	1／2（ただし東京都は要件なし）	2～3％程度	2ヶ月程度	必要	・東京都以外は自己資金要件が厳しい ・融資を受けるまでに非常に時間がかかる	・東京都の場合、自己資金が少ないが、多額の融資を受けたい場合

※2019年4月20日現在。詳細な条件等は日本政策金融公庫ホームページを参照

公的な創業融資の制度の概要を調べてみよう

☑	日本政策 金融公庫	新創業融資制度	https://www.jfc.go.jp/n/finance/search/04_shinsogyo_m.html
☑		中小企業経営力 強化資金	https://www.jfc.go.jp/n/finance/search/64.html
☑		資本性ローン	https://www.jfc.go.jp/n/finance/search/shihonrtg.html
☑	各都道府県	各都道府県のホームページを参照	
☑	各市区町村	各市区町村のホームページを参照	

───── 失 敗 パ タ ー ン ─────

各種の創業融資制度をよく理解しておらず、
最適な融資制度を選択しなかった

03

創業融資の審査基準を満たしておこう

　創業融資制度には、必ず融資審査があります。これはほぼ一発勝負で、同じ切り口で再審査されることはありません。つまり、もしこの審査を突破できなければ、起業がついえる可能性もあるということです。

　創業融資の合格率は、何のサポートも受けずに素人が申請する場合は30％程度、創業融資に強い税理士や中小企業診断士などがサポートすればほぼ100％といわれています。その合格率の違いは、「融資の審査基準を正しく理解し、それに沿った形で申込みをするか」に尽きます。誰にもアドバイス受けることなく、基準を満たしていない事業計画書を提出して審査に落ちてしまったというケースは、枚挙に暇がありません。「審査基準を知る」ということは、それほどまでに重要なことなのです。

　融資制度には、主に「自己資金」「経験・能力」「返済可能性」「資金使途」という4つの基準があります。これらをまずは十分に理解しなければなりません。

```
―――――― 失 敗 パ タ ー ン ――――――

   創業融資に強い税理士や中小企業診断士などの
   サポートを受けず、自分で申請して落ちる
```

1 自己資金

　融資制度により異なりますが、自己資金割合が一定以上ないと、融資審査に不利になります。必要資金全体のうち、自己資金が1／3〜1／2程度用意できるような形で、資本金、借入希望額などを決めましょう（自己資金割合は、「自己資金÷事業全体の必要資金×100」の計算式で求められます）。

　もしこの基準を満たすことが難しい場合、2つの対応策が考えられます。1つは自己資金そのものを増やす方法で、これには誰かに出資してもらうことも含みます（借り入れるのは×）。もう1つは、事業そのものをスケールダウンする、

PART 3　財務・資金調達

つまり、前の項目で算出した必要資金をより削減できるようにするのです。

> ―――― 失 敗 パ タ ー ン ――――
>
> **自己資金がほとんどない（会社員時代に貯金をしてこなかった）**

2 経験、能力

　起業する業界での職務経験は最も重要です。3年〜6年あることが理想とされ、最低でも1年以上が必要です。「業界で密度の濃い経験をしてきたこと」「会社に認められ重要な仕事を任されていたこと」「よい業績をあげ、会社に貢献してきたこと」などが審査されます。

　能力という点では、特に代表者の信用、具体的には個人信用情報での事故情報など（202ページ参照）が審査されます。

> ―――― 失 敗 パ タ ー ン ――――
>
> **起業する業種での職業経験がない**

3 返済可能性

「融資」ですから、事業から上がる利益で返済しなければなりません。このため、まずは事業計画書で「形式的な返済可能性」（税引後当期純利益＋減価償却費＞年間の返済額）を満たすような予測損益を示す必要があります。

　さらには、「実質的な返済可能性」として、しっかりと事業計画書上の売上、利益をあげられるという説得力が必要です。その売上をあげるために行う施策は何か、その売上予測には説得力があるか、客観的な根拠は何か、経験から来る根拠は何か、多角的な面から、しっかりと説明できるように準備しましょう。

> ―――― 失 敗 パ タ ー ン ――――
>
> **返済可能性が低い事業を計画し、審査に落ちる**

4 資金使途

　創業融資で借りることができるのは、本当に事業に必要な金額です。つまり、使う予定のない金額まで余分に融資してもらうことはできません。まずは、創業資金を求める式（創業資金＝設備資金＋運転資金×3ヶ月分）に当てはめ、どうしてその創業資金が必要なのかをしっかりと示しましょう。設備資金は見積書等を証拠として提出しますが、運転資金はお金が入って来るタイミングと出ていくタイミングにタイムラグがあり、それを埋めるためには運転資金が必要だということを示します。

─── 失 敗 パ タ ー ン ───

十分な資金使途がないのに、多額の融資を申し込む

5 ＋α（プラスアルファ）

　いままでご紹介した4つの審査基準以外にも、間接的に審査に有利不利になる要素があります。例えば、「担保を提供できるか」もしくは「担保に入れないとしても、万が一のときの返済の裏付けとなる資産を持っているか」などです。具体的には、十分な担保価値のある土地建物、預金、株式等の有価証券、貯蓄性のある生命保険などがあるか、あるいは、身内で安定収入がある人が連帯保証人になれるか、連帯保証人にはならないとしても、共働きで安定した勤務先からの収入がある配偶者、両親などがいるかです。これがあれば、他の審査項目で多少弱い要素があったとしても、それを補える可能性が出てきます。

　起業家自身の前職での年収も1つの評価要素となります。前職での年収は、前職の仕事ぶりと、会社がそれをどう評価していたかが伺えるからです。

─── 失 敗 パ タ ー ン ───

＋αの有利な要素があるのにアピールしない

PART 3　財務・資金調達　　77

各審査基準を満たすかどうかチェックしてみよう

審査基準	計算式、詳細など
自己資金	$\dfrac{\text{自己資金}}{\text{事業全体の必要資金}} \times 100 \;=\; \text{自己資金割合}$ $\dfrac{(\qquad\qquad)}{(\qquad\qquad)} \times 100 \;=\; (\qquad\qquad)\,\%$
経験、能力	経験 (　　　　　　　　　　　　　　　　　　　　　　　　) 能力 (　　　　　　　　　　　　　　　　　　　　　　　　)
返済可能性	税引後当期純利益＋減価償却費＞年間の返済額 (　　　　　　)＋(　　　　　　　)＞(　　　　　　　) 事業計画書上の売上、利益の予想にどう説得力を持たせるか (　　　　　　　　　　　　　　　　　　　　　　　　　)
資金使途	必要資金＝設備資金＋運転資金×3ヶ月分 (　　　　　　)＝(　　　　　　)＋(　　　　　)×3ヶ月分
+αの要素	・資産を書き出してみよう ・配偶者、両親等で安定した収入や資産がある人はいるか ・前職での年収はいくらあったか（源泉徴収票を用意）

★事業計画書を書いてみよう

事業計画書のフォーマットは以下のページから無料でダウンロードできます。

https://v-spirits.com/download

事 業 計 画 書

株式会社○○

■企業概要

会社名	株式会社○○
事業形態	株式会社、合同会社、その他法人（　　　　　）、個人事業
代表者	○○太郎
本店所在地	東京都○○区○○1－1－1
従業員数	役員2名、従業員1名
設立年月日	令和○年4月1日
資本金	500万円

代表者の過去の経験、ノウハウ、技術などについて	

起業の動機について	

■経営理念、事業の目的、将来ビジョン

経営理念、事業の目的、将来ビジョンなど	

■事業の概要、コンセプト

事業1	
概要・コンセプト	

事業2	
概要・コンセプト	

PART 3 　財務・資金調達　　79

事業3	
概要・コンセプト	

■市場環境と商品・サービスの特徴

市場環境の調査状況、ニーズについて	
ターゲット顧客層	
USP（売りは何か？他とどこが違うのか。独自性、新規性、優れた特徴は？）	

■販売・提供価格

販売・提供価格とその意味	

■マーケティング戦略・販売方法

マーケティング戦略・販売方法について	
販売回収条件	○日締め翌月○日回収、現金入金
営業時間	A.M.○:00 ～ P.M.○:00

■仕入方法（生産方法）

仕入方法（生産方法）	
支払条件	○日締め翌々月○日支払、現金振込

■事業上の問題点・リスク

事業上の問題点・リスク	
その解決方法	

■競合他社との比較

	当社	競合A社	競合B社
ターゲット顧客			
ニーズ			
商品・サービスの質			
技術			
価格			
ブランド			
販売方法			
プロモーション			
強み、弱み			
資本金、規模			
売上、数量など			
重要成功要因			

■組織・人員計画

人員体制・募集時期・雇用形態・待遇条件	
募集方法	

■事業スケジュール

日程		R○○年										R○○年	
		3月	4月	5月	6月	7月	8月	9月	10月	11月	12月	1月	2月
項目	事業												
	プロモーション												
	届出・許認可												
	人事労務												
	財務												

■協力者（企業）・支援者

出資者	
借入先	
顧客開拓協力	

仕入先開拓協力	
技術・ノウハウ提供	
税理士顧問	
社労士顧問	
コンサルタント	

■事業・商品別売上利益計画 （単位：個・千円）

事業・商品名	第1期 令和○○年3月期				第2期 令和○1年3月期				第3期 令和○2年3月期			
	数量	売上高	原価	粗利益	数量	売上高	原価	粗利益	数量	売上高	原価	粗利益
事業1												
事業2												
事業3												

（単位：個・千円）

		第1期（令和○○年3月期）月別											
		4月	5月	6月	7月	8月	9月	10月	11月	12月	1月	2月	3月
事業1	数量												
	売上高												
	原価												
	粗利益												
事業2	数量												
	売上高												
	原価												
	粗利益												
事業3	数量												
	売上高												
	原価												
	粗利益												

■開業資金計画

当初コスト（設備資金） （単位：円）

	項目	内容・発注先等	費用
事務所・店舗	保証金		1,500,000
	その他		
	小計		1,500,000
内外装工事	内外装工事費	甲社見積書	4,000,000
	その他		
	小計		4,000,000
設備機器	店舗用什器	乙社見積書	1,000,000
	その他		
	小計		1,000,000
備品等	パソコン		150,000
	プリンタ複合機		100,000
	レジ		50,000
	金庫		20,000
	冷蔵庫		20,000
	電話機・電話設備		30,000
	その他		
	小計		370,000
	合計		6,870,000

当初コスト（その他）　　　　　　　　　　　　　　　（単位：円）

	項目	内容・発注先等	費用
店舗・事務所関連	礼金		500,000
	前払賃料		250,000
	仲介手数料		250,000
	保険料		30,000
	その他		
	小計		1,030,000
法人設立	設立手数料・印紙代等		300,000
	その他		
	小計		300,000
商品仕入れ 材料・	材料		200,000
	商品A		700,000
	商品B		500,000
	その他		
	小計		1,400,000
広告宣伝費	チラシ作成・印刷		150,000
	チラシ配布		150,000
	ホームページ作成		200,000
	その他		
	小計		500,000
	小計		0
	小計		0
	合計		3,230,000

■資金収支計画表

月	項目	～3	4	5	6	7
売上入金	店舗販売（現金）	300,000	400,000	600,000	600,000	800,000
	ネット販売（振込）	100,000	150,000	150,000	200,000	200,000
	ネット販売（カード）		100,000	200,000	200,000	300,000
		400,000	650,000	950,000	1,000,000	1,300,000
当初コスト設備（別紙）		1,500,000	3,000,000	2,370,000		
当初コストその他（別紙）		1,880,000	1,000,000	350,000		
仕入			750,000		1,000,000	
役員報酬	○○太郎	300,000	300,000	300,000	300,000	300,000
	△△花子	200,000	200,000	200,000	200,000	200,000
従業員給与				200,000	200,000	200,000
法定福利費		65,000	65,000	91,000	91,000	91,000
旅費交通費		30,000	30,000	30,000	30,000	30,000
外注費		40,000	40,000	40,000	40,000	40,000
地代家賃		250,000	250,000	250,000	250,000	250,000
通信費		20,000	20,000	20,000	20,000	20,000
広告宣伝費		50,000	50,000	50,000	50,000	50,000
水道光熱費		30,000	30,000	30,000	30,000	30,000
交際費		20,000	20,000	20,000	20,000	20,000
会議費		20,000	20,000	20,000	20,000	20,000
保険料		10,000	10,000	10,000	10,000	10,000
消耗品費		20,000	20,000	20,000	20,000	20,000
業務委託費		30,000	30,000	30,000	30,000	30,000
支払報酬料（顧問料）		50,000	50,000	50,000	50,000	50,000
支払報酬料（臨時）			30,000			
新聞図書費		10,000	10,000	10,000	10,000	10,000
諸会費		10,000	10,000	10,000	10,000	10,000
租税公課		5,000	5,000	5,000	5,000	5,000
リース料		5,000	5,000	5,000	5,000	5,000
雑費		10,000	10,000	10,000	10,000	10,000
支払利息				28,000	28,000	28,000
支出計		1,175,000	1,955,000	1,429,000	2,429,000	1,429,000
収支		−4,155,000	−5,305,000	−3,199,000	−1,429,000	−129,000
出資・借入れ		5,000,000	10,000,000			
返済						
繰越残高		845,000	5,540,000	2,341,000	912,000	783,000

（単位：円）

8	9	10	11	12	1	2	計
800,000	2,000,000	2,000,000	2,400,000	3,400,000	3,400,000	4,000,000	20,700,000
300,000	300,000	300,000	300,000	300,000	300,000	400,000	3,000,000
300,000	400,000	400,000	400,000	400,000	400,000	400,000	3,500,000
							0
							0
1,400,000	2,700,000	2,700,000	3,100,000	4,100,000	4,100,000	4,800,000	27,200,000
							6,870,000
							3,230,000
	1,000,000		1,500,000		2,000,000		6,250,000
300,000	300,000	300,000	300,000	300,000	300,000	300,000	3,600,000
200,000	200,000	200,000	200,000	200,000	200,000	200,000	2,400,000
							0
							0
200,000	200,000	200,000	400,000	400,000	400,000	400,000	2,800,000
91,000	91,000	91,000	117,000	117,000	117,000	117,000	1,144,000
30,000	30,000	30,000	30,000	30,000	30,000	30,000	360,000
40,000	40,000	40,000	40,000	40,000	40,000	40,000	480,000
250,000	250,000	250,000	250,000	250,000	250,000	250,000	3,000,000
20,000	20,000	20,000	20,000	20,000	20,000	20,000	240,000
50,000	50,000	50,000	50,000	50,000	50,000	50,000	600,000
30,000	30,000	30,000	30,000	30,000	30,000	30,000	360,000
20,000	20,000	20,000	20,000	20,000	20,000	20,000	240,000
20,000	20,000	20,000	20,000	20,000	20,000	20,000	240,000
10,000	10,000	10,000	10,000	10,000	10,000	10,000	120,000
20,000	20,000	20,000	20,000	20,000	20,000	20,000	240,000
30,000	30,000	30,000	30,000	30,000	30,000	30,000	360,000
50,000	50,000	50,000	50,000	50,000	50,000	50,000	600,000
50,000				30,000	50,000		160,000
10,000	10,000	10,000	10,000	10,000	10,000	10,000	120,000
10,000	10,000	10,000	10,000	10,000	10,000	10,000	120,000
5,000	5,000	5,000	5,000	5,000	5,000	5,000	60,000
5,000	5,000	5,000	5,000	5,000	5,000	5,000	60,000
10,000	10,000	10,000	10,000	10,000	10,000	10,000	120,000
							0
28,000	28,000	28,000	28,000	28,000	28,000	28,000	280,000
1,479,000	2,429,000	1,429,000	3,155,000	1,685,000	3,705,000	1,655,000	23,954,000
−79,000	271,000	1,271,000	−55,000	2,415,000	395,000	3,145,000	−6,854,000
							15,000,000
		200,000	200,000	200,000	200,000	200,000	1,000,000
704,000	975,000	2,046,000	1,791,000	4,006,000	4,201,000	7,146,000	7,146,000

■予測損益計算書

月	項目	3	4	5	6	7
売上	店舗販売	500,000	500,000	800,000	800,000	1,000,000
	ネット販売A	100,000	150,000	150,000	200,000	200,000
	ネット販売B		100,000	200,000	200,000	300,000
		600,000	750,000	1,150,000	1,200,000	1,500,000
仕入	A商品		500,000			150,000
	B商品	1,000,000			1,000,000	
		1,000,000	500,000	0	1,000,000	150,000
売上総利益		−400,000	250,000	1,150,000	200,000	1,350,000
役員報酬	○○太郎	300,000	300,000	300,000	300,000	300,000
	△△花子	200,000	200,000	200,000	200,000	200,000
従業員給与				200,000	200,000	200,000
法定福利費		65,000	65,000	91,000	91,000	91,000
旅費交通費		30,000	30,000	30,000	30,000	30,000
外注費		40,000	40,000	40,000	40,000	40,000
地代家賃		250,000	250,000	250,000	250,000	250,000
通信費		20,000	20,000	20,000	20,000	20,000
広告宣伝費		50,000	50,000	50,000	50,000	50,000
水道光熱費		30,000	30,000	30,000	30,000	30,000
交際費		20,000	20,000	20,000	20,000	20,000
会議費		20,000	20,000	20,000	20,000	20,000
保険料		10,000	10,000	10,000	10,000	10,000
消耗品費		20,000	20,000	20,000	20,000	20,000
業務委託費		30,000	30,000	30,000	30,000	30,000
支払報酬料（顧問料）		50,000	50,000	50,000	50,000	50,000
支払報酬料（臨時）			30,000			
新聞図書費		10,000	10,000	10,000	10,000	10,000
諸会費		10,000	10,000	10,000	10,000	10,000
租税公課		5,000	5,000	5,000	5,000	5,000
リース料		5,000	5,000	5,000	5,000	5,000
雑費		10,000	10,000	10,000	10,000	10,000
減価償却費						
支払利息				28,000	28,000	28,000
販売費・一般管理費・利息		1,175,000	1,205,000	1,429,000	1,429,000	1,429,000
損益		−1,575,000	−955,000	−279,000	−1,229,000	−79,000
損益累計		−1,575,000	−2,530,000	−2,809,000	−4,038,000	−4,117,000

（単位：円）

8	9	10	11	12	1	2	計
1,000,000	2,000,000	2,000,000	2,500,000	2,500,000	3,500,000	3,500,000	20,600,000
300,000	300,000	300,000	300,000	300,000	300,000	400,000	3,000,000
300,000	400,000	400,000	400,000	400,000	400,000	400,000	3,500,000
							0
							0
1,600,000	2,700,000	2,700,000	3,200,000	3,200,000	4,200,000	4,300,000	27,100,000
			100,000				750,000
		1,000,000			1,500,000		4,500,000
							0
0	0	1,000,000	100,000	0	1,500,000	0	5,250,000
1,600,000	2,700,000	1,700,000	3,100,000	3,200,000	2,700,000	4,300,000	21,850,000
300,000	300,000	300,000	300,000	300,000	300,000	300,000	3,600,000
200,000	200,000	200,000	200,000	200,000	200,000	200,000	2,400,000
							0
							0
200,000	200,000	200,000	400,000	400,000	400,000	400,000	2,800,000
91,000	91,000	91,000	117,000	117,000	117,000	117,000	1,144,000
30,000	30,000	30,000	30,000	30,000	30,000	30,000	360,000
40,000	40,000	40,000	40,000	40,000	40,000	40,000	480,000
250,000	250,000	250,000	250,000	250,000	250,000	250,000	3,000,000
20,000	20,000	20,000	20,000	20,000	20,000	20,000	240,000
50,000	50,000	50,000	50,000	50,000	50,000	50,000	600,000
30,000	30,000	30,000	30,000	30,000	30,000	30,000	360,000
20,000	20,000	20,000	20,000	20,000	20,000	20,000	240,000
20,000	20,000	20,000	20,000	20,000	20,000	20,000	240,000
10,000	10,000	10,000	10,000	10,000	10,000	10,000	120,000
20,000	20,000	20,000	20,000	20,000	20,000	20,000	240,000
30,000	30,000	30,000	30,000	30,000	30,000	30,000	360,000
50,000	50,000	50,000	50,000	50,000	50,000	50,000	600,000
50,000				30,000	50,000		160,000
10,000	10,000	10,000	10,000	10,000	10,000	10,000	120,000
10,000	10,000	10,000	10,000	10,000	10,000	10,000	120,000
5,000	5,000	5,000	5,000	5,000	5,000	5,000	60,000
5,000	5,000	5,000	5,000	5,000	5,000	5,000	60,000
10,000	10,000	10,000	10,000	10,000	10,000	10,000	120,000
							0
							0
28,000	28,000	28,000	28,000	28,000	28,000	28,000	280,000
1,479,000	1,429,000	1,429,000	1,655,000	1,685,000	1,705,000	1,655,000	17,704,000
121,000	1,271,000	271,000	1,445,000	1,515,000	995,000	2,645,000	4,146,000
−3,996,000	−2,725,000	−2,454,000	−1,009,000	506,000	1,501,000	4,146,000	

PART 3 　財務・資金調達

04

創業融資と追加融資

　創業期の融資は、そう簡単に貸してもらえるものではありません。すべての条件を揃えたときに、決まった限度額を一度貸してもらえるだけなのです。担保にできる土地建物を持っている場合は別ですが、基本的にはそういうものだと強く認識してください。

　もう少し詳細に話すと、切れるカード（1枚目：日本政策金融公庫の創業融資、2枚目：自治体の制度融資）と、その切り方は限られています。

この2枚のうち、どちらか1枚だけを切る
日本政策金融公庫の創業融資か、自治体の制度融資のどちらか1つを借りる

苦しい場合は2枚同時に切る
どちらか一方だけでは貸してもらえないときに、日本政策金融公庫と民間金融機関の「協調融資」として、公庫の創業融資と自治体の制度融資とで希望金額を分け合って同時に融資してもらうという方法もあります。つまり、金融機関同士で、リスクを分担してもらい、何とか貸してもらうというパターンです。

2枚を1枚ずつ切る
最初に日本政策金融公庫からの創業融資を借りておいて、あとから自治体の制度融資も借りる方法（逆に、最初に自治体の制度融資を借りておいて、あとから日本政策金融公庫の創業融資を借りる方法もあり）です。これは、最初の融資で審査上の限度額一杯まで借りていなかった場合にのみ可能となります。

　目を見張るような急成長を遂げた場合は別として、起業当初の借入れとしては、基本的にこの3パターンしかありません。「誰でも次々に簡単に融資してもらえる」などとは決して思わないことです。個別の事業に合わせて、よく作戦を練る必要があります。

　また、カードを切る以上、失敗は許されないということも肝に銘じておかなければなりません。一度融資の審査に落ちてしまえば記録として残り、次の審査では著しく不利に働きます。カードは慎重に切らなくてはなりません。

　次に、切れるカードが限られている以上、カードを1回切るときには、なるべく多くの融資を引き出すように努力してください。よくある失敗として、そ

90

の時点で自己資金が多くあるがゆえに遠慮して少なめに借りてしまうパターンがあります。もしさらにお金が必要になったとしても、追加で融資してもらえる可能性は低くなります。日本政策金融公庫から創業融資を受けた場合、「返済計画どおりに1年以上返済した」「返済計画どおりに1年以上返済し、借りた金額のうち2～5割ほどは返済が進んだ」のうち、少なくとも前者を満たさなければ次の融資は難しいとされています。簡単にカードを切ってしまうと、後悔することとなります。

では、どのような場合に追加で融資してもらえるのでしょうか。

例えば、当初の事業計画と業績の達成度合いを比較し、売上が順調に伸びていたり、利益が順調に出ていたりといった場合は追加融資の可能性があります（順調でなくとも、今後の事業の見通しが明るければ追加融資を検討してもらえる可能性があります）。

創業融資以降の代表者の信用面も重要です。「クレジットカードやローンの支払いが滞りなく行われているか」「ノンバンクやカードローンなどの高金利な借入れが増えていないか」といった項目はチェックされます。また貯金が進んでいたり、住宅を所有していたりなどは、プラス材料として評価されます。

他の金融機関の動向も審査対象となります。他の金融機関も融資している場合は、新たに与信がついたと評価されます。ただし、他の金融機関が融資しているからといって、必ずしも融資してもらえるわけではありません。現状の月々の利益水準で、今回の追加融資を含めた月々の返済額を賄うことができるかが、審査の重要なポイントとなります。

税金や社会保険料の滞納の有無も影響します。起業家が使う融資の大半が制度融資です。制度融資は国や自治体が関わっているものですから、税金や社会保険の滞納はご法度です。

さらには、決算書の内容、例えば役員報酬は適切な金額が設定されているか、役員や第三者への貸付など社外流出はないか、既存の借入金額は適切かといった項目もチェック対象となります。

最後に覚えておきたいのが、「取引振り」です。金融機関は企業の状況をつかんでおきたいと考えますから、預金残高はもちろんのこと、売掛金の入金や給与の振込みを自行で行ってくれたほうが安心ということになります。定期積金

を始めるのもよいでしょう。どこで口座開設するかも含め、日頃から、将来の借入れを見越したうえで、銀行取引を組み立てておくのが得策です。

― 失 敗 パ タ ー ン ―

公庫で創業融資を借りたとき、借りられるだけ目一杯借りなかった

追加融資が可能かを検討してみよう（簡単診断シート）

- ☑ 順調に売上が伸びているか（低空飛行を続けていないか）
- ☑ 返済可能な利益が出ているか
- ☑ 前回の融資の返済が進んでいるか
- ☑ 滞りなく返済ができているか
- ☑ 他の個人的な借入れは減ってきているか
- ☑ 役員報酬は適切な金額か
- ☑ 個人信用情報に問題はないか
- ☑ 他の金融機関からの借入れはできているか／返済は進んでいるか
- ☑ 個人的な財産は蓄積されているか
- ☑ 決算書は適切に処理されているか
- ☑ 税金や社会保険料の滞納はないか
- ☑ 既存の借入額と月々の返済額は適切か
- ☑ 前回の融資の資金使途は計画どおりか（特に設備資金）

+αの要素

- ☑ 不動産や株式などの資産を保有しているか
- ☑ 有力な連帯保証人を用意できるか

05

起業家の無借金経営は
本当に素晴らしいことか

　起業して事業をする中で、無借金であることにこだわる方もいます。「借金をしてまで事業をしたくない」「返済の心理的負担が大きすぎる」「家族の理解を得にくい」など、理由はさまざまです。

　とはいえ、成功している起業家にも、当初から借入れをしている人が多くいます。借入れをしない理由についてはどれも納得できますが、本当にそれでよいのかをしっかりと考えてみることも重要です。

　少ない自己資金内での事業計画であれば、事業規模もその範囲になります。小売業であれば、よい立地・よい店舗の確保が難しくなりますし、卸売業・サービス業であれば、取引条件が不利になったり、取扱規模を縮小させられたりすることになります。自分がやりたいことを十分にできる環境にするためには、資金力を潤沢にしてから始めることは事業にプラスに働きます。

　また、事業を始めて軌道に乗るまでに、思いのほか運転資金が必要になったというケースもあります。自己資金だけで計画していると、融通がきかず資金の心配をしなくてはならなくなりますので、営業どころではなくなってしまいます。

　「その時点で借入れをすればいい」と思われるかもしれませんが、世間一般で考えて、手持ちのお金が少ない人にわざわざお金を融通しようと思うでしょうか。金融機関だって同じです。計画の甘さを指摘するでしょう。

　自己資金の範囲内で起業できそうであっても借入れをしておくことには、別の重要な意味があります。「金融機関から融資を受け、確実な返済を行った」という金融機関との安定した取引実績があれば、本当に資金繰りが困ったときに気軽に相談ができます。金融機関は融資先を簡単には見放しません。これは、事業が計画どおり、順調に推移したときの増加運転資金、支店開設資金などの追加の資金繰りについても同様です。取引金融機関での実績は、他の金融機関へのアピールも可能です。これを「誘い水効果」ともいいます。

　なお、借入れしたお金をすべて使うことはありません。もしもの時に運転資

PART 3　財務・資金調達　　93

金は温存しておけばいいのです。借入れをすることで、まず、金融機関に対して交渉の自信がつきます。さらに、資金的なゆとりが持てることから、自分が描いている企業イメージに近づくことができます。これは会社員が退職金で住宅ローンをすべて返してしまうか、ローンを残しておくかの判断と似ています。手元に流動性の現金を一定量保持しておくことは非常に重要なのです。営業を維持していくうえではさまざまなアクシデントに見舞われますが、資金力があると思えば展開の幅が広がることは間違いありません。まさに「備えあれば憂いなし」なのです。

── 失 敗 パ タ ー ン ──

- 無借金にこだわるがゆえに小さな商売から始めざるを得ず、商売上不利になる
- 無借金にこだわり、当初に創業融資を借りず、会社が傾いてから申込みをして断られる

起業当初に借入れをすることによるメリットをチェックしてみよう

☑	限定された事業規模からワンランク上となり、信用を生む。
☑	限定された店舗、オフィスの立地、内装などからワンランク上を目指せる
☑	返済実績を作っておけば、資金難のときに相談しやすい
☑	借入れした資金によって、新規事業を始めることができる
☑	設備やシステムなどを導入するときに運転資金から回さなくて済む
☑	稼げる優秀な人材を雇用できる可能性が広がる
☑	当初は計画どおりにいかなかったときでも、安定するまでの時間を稼げる
☑	出資に比べ、議決権割合を減らすことがなく資金を得られる
☑	無担保・無保証人など、通常に比べ、有利な条件で借入れができる
☑	低金利の融資を受けられる可能性がある
☑	信用保証料の補填、利子補給など、補助金が受けられる可能性がある
☑	月末に支払いができないかもしれないという不安から解放される
☑	銀行口座残高が増え、精神的にも安定する

- ☑ 金融機関から見込み客の紹介を受けられる可能性がある
- ☑ 事業計画書を書き金融機関のチェックを受けることで事業の精度が上がる
- ☑ 返済があることで、事業に緊張感が生まれる
- ☑ 特定の借入制度を利用していることで応募できる補助金がある

06

出資してもらうという選択肢は？

　起業時の資金調達の方法として、借入れ以外に出資してもらうという選択肢もあります。

　出資を受ける先としては、以下のように分類できます。

家族親戚、知人友人からの出資

　起業時の資金調達方法で特に多いパターンです。中でも両親、兄弟など家族親戚から出資を受けることは非常に多く、融資と違い、資金計画上、結局調達できないというリスクがなく、確実なことが魅力です。ただし、万が一失敗したときには、迷惑をかけてしまうというリスクもあります。

エンジェルからの出資

　「エンジェル」とは、個人投資家の中でも特に創業当初の会社に対して投資を行う人のことをいいます。経営が不安定な創業初期の会社に対して、直接、高額の出資をしてもらうことになるため、ビジネスの将来性だけではなく、人間的な信頼関係が基盤にないとエンジェルからの出資は非常にハードルが高く、実現は難しいといえるでしょう。また、そもそもエンジェルになってくれる人とどう知り合うのかという問題もあります。Web上でのマッチングシステムなどもありますが、なかなか難しいのが現状です。信頼できる人に紹介してもらう方が近道で安心です。

ベンチャーキャピタルからの出資

　「ベンチャーキャピタル」とは、高い成長性があると見込まれる未上場企業に対して資金を投資する投資会社のことです。ベンチャーキャピタルが投資する目的は最終的に投資した会社に株式上場させ、キャピタルゲインを得ることです。このため、革新的な新技術やノウハウがあったり、爆発的にスケールして利益を生むビジネスでないと出資してもらうことは難しいといえます。

　仮に身近に出資してくれそうな人がいたとしても、実際に出資を説得するにはかなり詳細な事業計画書が必要となるでしょう。特に、エンジェルやベンチャーキャピタルに対して出資の交渉をする場合、金融機関に提出するような事業計画書か、それ以上のものが求められます。

　なお、出資を受ける際にはいくつかの注意点があります。

議決権割合

　「議決権」とは、わかりやすくいえば会社の決定権のことです。親族等を除き、第三者に出資してもらうことを検討する場合、各人の議決権の割合についても注意を払う必要があります。会社の運営上の各種決定に必要な議決権数は会社法で定められています。原則は過半数の賛成とされ、特別な事項については2／3以上とされており、会社の完全な支配権を握っておくには、議決権の2／3以上を保有しておく必要があります。もし起業家本人が2／3以上の議決権を保有できない状況だとしたら、各人の関係なども配慮して、議決権割合を慎重に調整しておくことが重要です。

融資への影響

　他の会社を経営している経営者が株主になる場合は、融資への影響も考慮しなければなりません。その株主の出資比率や人的な支援が濃い場合、その会社のグループ会社とみなされ、創業融資の対象とならない場合もあるのです。他社を経営している人から出資を受ける計画がある場合、事前に専門家によく相談しておくことをお勧めします。

配当などの配慮

　営業上の協力などのために、少数株主として出資してもらうケースもよくありますが、株主としてお金を出してもらった以上、将来的に配当金で報いる必要があります。

投資家からの出資のタイミング

　まだ事業が育っていない最初の段階で出資してもらうと、格安な株価で多くの株式を握られてしまう可能性もあります。上場計画があるなどの場合は、起業当初の出資は慎重になるべきです。まずは日本政策金融公庫の創業融資などの後腐れがない方法で資金を調達し、ある程度事業が軌道に乗り、会社の価値が高まった時点で出資を募るのがセオリーだといえます。

親族からの出資のタイミング

　起業する人にとって、親族からの支援ほどありがたいものはありません。会社が傾きかけ、どこの金融機関が見向きもしてくれなくなった場合でも、親族は助けてくれる可能性が高いといえます。このようなありがたいお金を、最初の段階で受け取ってしまってよいものでしょうか。むしろ親族からの援助は最後の最後までとっておき、最初は日本政策金融公庫の創業融資など借りやすいもので調達するという選択肢があることもぜひ意識してください。

失敗パターン

・議決権割合をあまり考慮せず、会社設立をしてしまい、後で揉める
・事業が育っていない最初の段階で、投資家からの出資を大量に受ける
・最初から親族の援助を頼ってしまい、後で困る

出資してもらえる可能性がある人物を考えてみよう

	属性	人物、紹介者等	目標金額	出資割合	出資時期
☑	両親、兄弟				
☑	知人、友人				
☑	前職の関係				
☑	仕入先等				
☑	エンジェル				
☑	VC（ベンチャーキャピタル）				
☑	（　　　　　）				

07

補助金・助成金をフル活用せよ

　補助金や助成金をうまく活用できれば、有利に起業、経営ができる可能性があります。ただでさえ、予期せぬ出費がかさむのが経営です。受給できるものはフルに活用しましょう。

　出資や創業融資による資金調達は、起業時に必要な不足資金を迅速に調達できるという意味で活用の意義は大きいのですが、創業融資はあくまで「借入れ」であり、いずれ返済していかなければなりません。一方で、補助金・助成金は基本的に返済不要なお金です。効率的に補助金・助成金を活用できれば、非常に資金繰りが楽になります。また、経営上、何らかのチャレンジをするときに、そのチャレンジする費用の一部を補助金や助成金で賄えるとしたら、リスクを減らせることになります。このため、補助金や助成金の基本は徹底的に理解し、より積極的な活用法やその注意点までを押さえておく必要があります。「起業に関する補助金・助成金」には、その種類や目的からさまざまなものが存在しています（図表15）が、大きく分けると次の4つに分類できます。それぞれについて簡単に紹介していきましょう。

- 経済産業省系の補助金
- 厚生労働省系の助成金
- 自治体独自の補助金・助成金
- その他の補助金・助成金

1 経済産業省系の補助金

　起業促進、地域活性化、中小企業振興、技術振興などの施策を目的として、経済産業省が行う補助金です（過去の例：創業補助金、小規模事業者持続化補助金など）。それぞれの補助金ごとの募集要件を満たしたうえで応募し、審査を通過することが必要です。

合格率（「採択率」という）は補助金によって異なりますが、数％～80％程度まで幅があります。また、同じ補助金でも募集を数回に分けて募集することがあり、回により採択率に変化が見られるのが特徴です。

2 厚生労働省系の助成金

雇用促進、労働者の職業能力向上などの施策を目的として、厚生労働省が実施する助成金です（過去の例：キャリアアップ助成金など）。経済産業省系の補助金とは異なり、助成金ごとの要件を満たしていれば、審査員の審査で落とされるという概念がないのが特徴です。基本的には「雇用」に関連する助成金であるため、起業時に人を雇用する計画がある場合には早めにチェックしておきましょう。

3 自治体独自の補助金・助成金

市区町村などの各自治体が、地域内の産業振興などの目的で独自の補助金・助成金を実施していることがあります（過去の例：融資の利子補給、信用保証料補助、店舗の家賃補助、ホームページ作成費用補助、展示会出展費用補助など）。その内容は多種多様で、積極的に行っている自治体とそうでない自治体とで温度差もあります。

自身が起業する予定の市区町村では実施している補助金・助成金がないか、役所のホームページなどであらかじめチェックしておくとよいでしょう。

4 その他の補助金・助成金

このほか、大手企業、政府系金融機関、各種の財団などが独自に起業家への補助金・助成金制度を実施していることがあります（過去の例：大手企業、政府系金融機関のビジネスプランコンテスト、各種財団の研究開発助成金など）。採択されるのは極めて優秀なビジネスプランを持つ数名の起業家だけ、という厳しい世界ではありますが、自信があれば応募してみるのもよいでしょう。

図表15　助成金・補助金の種類

	特徴	過去の例	情報入手方法
厚生労働省系の助成金	雇用促進、職業能力向上などを目的とする。要件を満たせば受給可能	トライアル雇用奨励金、キャリアアップ助成金など	厚生労働省ホームページ、社会保険労務士など
経済産業省系の補助金	中小企業振興、技術振興などが目的。要件を満たし、審査を通過する必要がある	創業補助金、小規模事業者持続化補助金など	中小企業基盤整備機構ホームページ、認定支援機関など
市区町村の補助金	市区町村が地元企業の新興を目的として独自に実施している補助金	利子補給制度、Webサイト作成補助金	市区町村ホームページなど
その他の補助金・助成金	大手企業、政府系金融機関、各種財団などが独自に起業家への補助金・助成金制度を実施	各種ビジネスプランコンテスト、財団の研究開発助成金など	各企業、金融機関、財団のホームページ

――― 失敗パターン ―――

・補助金・助成金を毛嫌いしていて受給できる状況なのに受給しなかった
・補助金・助成金の受給は面倒くさいという先入観で受給しなかった

補助金、助成金が活用できる可能性をチェックしてみよう

		過去の補助金例	内容
☑		キャリアアップ助成金	非正規社員を正規社員に転換する
☑		人材開発支援助成金	社員のキャリアを充実させるために職業訓練や人材育成制度などを導入する
☑	人事労務	職場定着支援助成金	・労働者の処遇を改善する制度を導入する ・賃金制度の整備や、新たな手当の創設により、労働者の離職率を低下させる
☑		業務改善助成金	生産性向上のための設備投資やサービスの利用を行い、最低賃金を一定額以上引き上げる

		過去の補助金例	内容
☑	広告販促	小規模事業者持続化補助金	ホームページの作成を行う
☑			リスティング広告を行う
☑			チラシやカタログの作成を行う
☑			DMや折込広告の発送を行う
☑			テレビCMや雑誌広告を行う
☑			新パッケージを開発する
☑			展示会に出店する
☑	家賃	東京都創業助成事業	東京都内に店舗を借りる
☑			東京都内に事務所を借りる
☑		創業補助金	事務所や店舗を借りる
☑		東京都商店街起業・承継支援事業	東京都内の商店街に店舗を借りる
☑		東京都若手・女性リーダー応援プログラム助成事業	東京都内の商店街に店舗を借りる
☑	設備投資	ものづくり補助金	世の中や業界にないようなサービスを開発するためのソフトウェア開発を行う
☑			世の中や業界にないようなサービスを提供するための設備投資を行う
☑			生産性が飛躍的に向上するような設備投資を行う
☑	内装工事	東京都商店街起業・承継支援事業	東京都内の商店街に店舗を出店する
☑		東京都若手・女性リーダー応援プログラム助成事業	東京都内の商店街に店舗を出店する
☑	知財	中小企業知的財産活動支援事業費補助金	国内で取得・出願している特許権を海外でも権利化する
☑			国内で取得・出願している実用新案権を海外でも権利化する
☑			国内で取得・出願している意匠権を海外でも権利化する
☑			国内で取得・出願している商標権を海外でも権利化する

		過去の補助金例	内容
☑	IT投資	IT導入補助金	業務用のパッケージソフトやクラウドサービスを導入する
☑			ECサイトを立ち上げる
☑			グループウェアを導入する
☑			顧客管理システムを導入する
☑		軽減税率対策補助金	複数の税率に対応したPOSレジを導入する
☑	インバウンド対策	インバウンド対応力強化支援補助金	施設・店舗の案内表示・設備の利用案内・ホームページ等の多言語化を行う
☑			無線LAN環境の整備を行う
☑			クレジットカード決済端末や電子マネー等の決済機器を導入する
☑			トイレを洋式化する

08

補助金・助成金の注意点と活用の発想

　補助金や助成金の活用を考えるにあたっての注意事項はいくつかあります（図表16）が、まず知っておくべきは「助成金・補助金は完全後払い制」だという点です。

　次に、「情報収集を怠らないこと」です。助成金や補助金の存在を知ったとしても、適切なタイミングで適切な手続をとらなければ受給できません。関係省庁のホームページをこまめにチェックしたり、助成金・補助金に詳しい専門家に相談したりするなど、まめな行動を心がけましょう。

　さらには、「迅速に行動すること」です。助成金や補助金は国や自治体が予算の枠内で募集するものですから、受付回数（期間）や金額には限りがあります。機を逃さないようにすばやく準備をして、いつでも申し込める状態にしておきましょう。

　ただし、受給しようとして無理に経営をゆがめてしまうのは本末転倒です。基本的には補助金・助成金は「ないもの」として経営判断をし、たまたま要件に当てはまっていれば有効活用する、そのくらいの感覚を持ちたいものです。

　同じ経費を対象として複数の補助金・助成金には申請できないことが多いことも認識しておいてください。例えば、Ａさんの給料について、国の●●助成金と、東京都の○○補助金に申請する、というようなケースです。できるだけ受給できるものを増やすという観点でいうと、対象経費をずらすことも戦略的に考えたほうが有利です。例えば上記のケースでいえば、東京都の○○補助金はＡさんの給料ではなく、広告費で申請するなどです。この点からも多くの補助金・助成金を俯瞰して情報を集め、有利に選択して申請するという視点が大切です。なるべく情報量の多い専門家に相談し、全体を俯瞰したアドバイスを求めることを意識してください。

図表16　助成金や補助金の受給のコツ

	解説	例
知らなければ受給できない	助成金や補助金は存在を知らなければ受給できない。常にインターネットなどで最新情報をチェックしておく	すべての補助金・助成金
事前に手続が必要な場合がある	先に申請しておくことが要件になっているケースも多い。行動を起こす前に助成金や補助金について確認しておく	雇用に関する助成金は、雇用前に手続が必要なものが多い
申請の受付期間が短い場合がある	助成金や補助金によっては、受付や公示の期間が短い場合がある。見逃さないよう、こまめに役所のWebサイトなどで確認する	豊島区の公庫融資への利子補給制度（申請期間は年に1度の25日間程度）など
年度予算がなくなったら終了	国や自治体で決められた年度予算が終了すれば、助成金や補助金もそこで終了。助成金や補助金の存在を知ったら、早めに申請する	すべての補助金・助成金
翌年度は廃止や縮小の場合がある	年度が変わるとともに廃止されたり規模が縮小されたりするケースも多々ある。年初に起業を予定している場合は要注意	すべての補助金・助成金
補正予算で出てくる補助金もある	毎年4月から始まる各年度の本予算のほかに、景気対策などを目的として秋から冬にかけて補正予算が組まれる。その中の補助金も要チェック	すべての補助金・助成金
給付していない自治体がある	自治体により助成金や補助金の有無に差がある。事業を行う場所を決める際、事前に調べておくとよい。	ホームページ作成費補助金、店舗家賃補助金など
受給要件から外れる行動をしない	受給要件を把握する。厚生労働省系の助成金では、直近で解雇をしていると受給できないことがある	すべての助成金・補助金
受給にこだわりすぎない	助成金や補助金を受給したいがために、経営をゆがめるようでは本末転倒。結果的に過剰な人員や設備を抱えるなど不具合が生じる。	すべての助成金・補助金
資金調達の手段としてあてにしない	助成金や補助金は完全後払いで、実際の支払いは起業してから半年から1年以上も先になる。起業時の初期投資にあてる資金調達手段にはならないので要注意	すべての助成金・補助金
同じ対象経費で複数には申請できない	対象経費がかぶる複数の補助金・助成金には申請できない。全体を俯瞰して、対象経費を戦略的にずらすことを検討する。	すべての助成金・補助金
事前に専門家に相談してみる	1人で収集できる情報には限界がある。助成金や補助金の情報を得たら、一度その道のプロに相談しておくと安心	すべての助成金・補助金

PART 3　財務・資金調達　　105

	解説	例
チャレンジのリスクを減らす	販促広告や新規事業、システム導入など、経営上勝負をかけるとき、補助金をうまく利用すれば、リスクを低減できる	すべての助成金・補助金

――― 失敗パターン ―――

補助金・助成金を受給できる可能性があったのに、知らずに受給できなかった

補助金・助成金についての情報源を確保しよう

☑	中小企業庁ホームページ	http://www.chusho.meti.go.jp/hojyokin/index.htm
☑	厚生労働省ホームページ	https://www.mhlw.go.jp/stf/seisakunitsuite/bunya/koyou_roudou/koyou/kyufukin/
☑	各都道府県、市区町村ホームページ（例：東京⇒東京都公益財団法人中小企業振興公社）	http://www.tokyo-kosha.or.jp/support/josei/
☑	民間の補助金情報サイト（例：フジサンケイ　イノベーションズアイ）	https://www.innovations-i.com/subsidy/

相談窓口で相談してみよう

☑	区役所等の相談コーナー（例：東京都豊島区）	http://www.city.toshima.lg.jp/122/machizukuri/sangyo/kigyo/004061.html
☑	地元の商工会議所	https://www5.cin.or.jp/ccilist
☑	経済産業省後援 DREAM GATE	https://www.dreamgate.gr.jp/
☑	専門家の無料相談（例：著者（中野裕哲））	https://v-spirits.com/

09

資金繰りを考える

　資金は会社にとっての血液です。資金が枯渇したら会社を存続させることはできませんから、資金調達の可否が会社の将来を決めるといっても過言ではありません。必要な資金を必要なときに、よりよい条件で集められるような体制作りが重要です。そこで、資金調達の基本を以下のような11箇条にまとめました。

1 最低限でも3ヶ月先の資金繰りまで把握

　経営上の数字の把握のうちで特に重要なのは、資金繰りの予測です。最低でも3ヶ月先の資金予測は常に把握しておくべきです。資金が不足することが予測される場合でも、3ヶ月あれば余裕を持って対策が可能だからです。急に融資を申し込むなどすれば、対策が間に合わなくなるばかりか金融機関にも警戒されて信頼を失うことにもなります。大きな仕事を受注する際に、受注に当たって必要な資金をどのように調達するかも考えながら進めることが重要なのはいうまでもありません。

2 入りは最小に、出は最大に予測

　資金については慎重な予測をすることが求められます。収入は最小に予測し、支出は最大に見積もるのです。入金のタイミングはやや遅く予測し、支出のタイミングはやや早めに予測します。「月末にあの売掛金が入ってくるだろうから、すぐこちらの支払いに充てれば大丈夫だろう」といった甘い資金予測は危険です。「～だろう」という楽観的な予測より、「～かもしれない」という慎重な予測が必要です。

3 税金、社会保険料の支払いに注意

　資金予測にあたり、特に注意が必要なのが税金、社会保険料の支払いです。税金、社会保険料の支払いは、毎月一定額でもなく、金額も多額になりがちで、

確実に支払時期と金額を把握しておかないと、後で慌てることになります。図表17に示した項目を確実に把握しましょう。

図表17

項目	納付期限	注意点
決算申告後の法人税、消費税	決算期末の2ヶ月後まで	納税額がわかったら、税理士に早めに連絡してもらう。預かった消費税分を納税するまで残しておく
源泉所得税	【原則】翌月10日まで 【特例】1~6月分：7/10まで 7~12月分：翌年1/20まで	納税額がわかったら、税理士に早めに連絡してもらう。天引きした源泉所得税分を納税するまで残しておく
住民税	【原則】翌月10日まで 【特例】12~翌5月分：6/10まで 6~11月分：12/10まで	納税額がわかったら、税理士に早めに連絡してもらう。天引きした住民税分を納税するまで残しておく
法人税、法人県民税、法人市民税の予定納税、消費税の中間納税	決算申告から半年後（消費税は3ヶ月ごとまたは1ヶ月ごとの可能性有）	納税額がわかったら、税理士に早めに連絡してもらう
社会保険料	前月分を翌月末まで	毎年4月（3月分）、10月（9月分）に改定され、増加する可能性あり。また、賞与支払時には翌月末の社会保険料額が増加する可能性があるため、あらかじめ社労士に確認が必要
労働保険料（労災保険料、雇用保険料）	毎年7/10まで	延納（分割納付）を適用していないケースでは7月にまとめて1年分

4 勘定足りて銭足らずを避ける

　経理上の利益が捻出されているにもかかわらず、手元キャッシュが途中でショート（枯渇）してしまうことを「勘定足りて銭足らず」といいます。売上は順調に拡大し、仕入れや人件費などの支払いが増えていくにもかかわらず、売掛金の回収が遅いというのが典型的なパターンです。波に乗っているときほど手綱を締め直し、資金繰りに注意しなければなりません。

5 手元キャッシュを潤沢に

万が一に備え、常に手元キャッシュを潤沢に準備しておくことが重要です。定期積金口座を開設し、毎月積み立てを始めてはいかがでしょうか。

6 利益と節税、内部留保との関係に注意

節税に走りすぎ、内部留保（自己資本）を充実させることが疎かになるのも危険です。起業家にとって、利益の中から税金を払うのは苦痛なことではありますが、内部留保を増やしていくことは今後の借入れのためにも重要なことです。利益もなく、また内部留保もない状態は、金融機関から見て貸し出ししにくい企業ということになります。

7 無借金経営がいいとは限らない

「無借金経営」という響きは、優良企業の代表のような印象を受けます。ただし、上場企業など、すでに潤沢な資本金や内部留保を蓄えた体力のある会社ならともかく、中小企業にとっては、無借金経営は必ずしもいいこととは限りません。いくら無借金でも、手元キャッシュがなくなったら経営は危険状態に陥ることを認識してください。

8 支払いサイト、入金サイトをよく検討する

資金繰りを考える際、支払、入金についての締め日、支払日、回収日などの設計にも注意を払うべきです。後になってからの支払いサイト、入金サイトの変更は難しいので、事業を始める際によく検討しておく必要があるでしょう。交渉の余地があるのなら、取引の最初によく交渉しておきましょう。

9 補助金・助成金は資金調達として期待できるとは限らない

返済不要な補助金・助成金を受給できるケースはありますが、資金調達の手段としてはあまり期待できません。補助金・助成金が入金されるのは、アクション（対象となる経費や人件費の支払いなど）を起こしてから半年後から1年以上後が基本です。資金繰り的には借入れを組み合わせるなどの注意が必要です。

10 資金繰りもわかる税理士と付き合う

　税務会計、管理会計と資金繰りは別物です。税理士に任せたからといって、管理会計や資金繰りは社内で行わなければなりません。税理士選びにおいてベストなのは、資金繰りの相談にも対応してもらえる税理士を選ぶことです。顧問依頼の前にそういったこともよく見極めるようにしましょう。

11 財務体制をきっちりと整備しておこう

　まれに起こる財務上の悲劇は、持ち逃げ、不正送金、使い込み、業者からの個人的なキックバックの要求などの財務や営業担当者の不正です。これらはもちろん犯罪行為になるようなことですが、会社として痛手なのは、何千万円も持ち逃げや不正送金が行われてしまった結果、口座の運転資金が完全に不足してしまうことです。そうならないよう、最初は社長自身や親族しかお金や実印、通帳、銀行印、ネットバンキングには触らないというくらい慎重に、しっかりとした体制を整えておきましょう。

失 敗 パ タ ー ン

・資金予測を誤り、資金ショートが目前に迫って慌てふためく
・お金の管理を全面的に任せていた財務担当者がお金とともに消えた

資金繰り11箇条ができているかチェックしてみよう

☑	1	最低限でも3ヶ月先まで把握
☑	2	入りは最小に、出は最大に予測
☑	3	税金、社会保険料の支払いに注意
☑	4	勘定足りて銭足らずを避ける
☑	5	手元キャッシュを潤沢に
☑	6	利益と節税、内部留保との関係に注意
☑	7	無借金経営がいいとは限らない
☑	8	支払いサイト、入金サイトをよく検討する
☑	9	補助金・助成金は資金調達として期待できるとは限らない
☑	10	資金繰りもわかる税理士と付き合う
☑	11	財務体制をきっちりと構築整備したか

財務体制をチェックしてみよう

	チェック項目	対　　策
☑	金庫を設置しているか	
☑	通帳の管理体制を決める	
☑	会社実印の管理体制を決める	
☑	インターネットバンキングの権限設定・パスワード管理	
☑	キックバックの可能性の排除	

MEMO

PART

04

営業
・
マーケティング

01

絶対に営業を任せきりにするな

1 ベンチャーやスモールビジネスでは全員営業を実現せよ

　ある程度の規模以上の中小企業や大企業であれば、いわゆる「営業」という職種の社員がいて、売上を伸ばすためだけに専業で従事します。ところが、ベンチャーやスモールビジネスでは、営業だけを行う社員を用意するのは、キャッシュ的にもマンパワー的にも難しい状況にあります。多くは社長や役員が営業というプレイヤーとしての役割も兼任することがほとんどでしょう——いえ、むしろそうでなければなりません。最初から営業専門の社員を雇用してその者に営業全般を任せたものの、いざ蓋を開けてみたら全然数字が伸びず、結果的に営業社員の給料だけが赤字として計上され続けていく——こんな失敗パターンはよくあることです。

　ベンチャーやスモールビジネスでお勧めしたいのは、社長を含む社員全員が営業も兼ねているという認識を持つ、強い組織を作ることです。各役員、各社員が売上をあげられるのであれば、少なくとも人件費が固定費化する可能性が減りますし、先程のような営業専任社員が実はお荷物になってしまうということがなくなります。

2 営業では統一ルールを決めておく

「全員営業」の体制を構築する場合に大事なのは、営業上のルールです。全員がそれぞれに営業行為を行うとき、統一的なルールがないと、あとでいろいろと問題が起こるからです。

　多くの起業家の営業スタイルを見てきましたが、優秀な起業家ほど、筋の通った自社の営業ルールを持っているものです。類型的に見ていくと、以下のようなものがあります。ぜひ、参考にしてみてください。

ライバル（競合他社）の悪口を絶対に言わない

その会社や商品を同時に検討しているということは、お客様としてもどちらも多少なりとも気に入っているということです。お客様が気に入っているものを悪く言えば自社の心証が悪くなり、敵を作るだけです。いつでも正々堂々と勝負しましょう。

簡単に値引きをしない

値引きの乱発は、自分に営業力がないという証明になり、そもそも自社の商品・サービスの設定や値付けが失敗している可能性もあります。また、あるお客様にだけ特別に値引きをするということは、他の正規の値段で買ったお客様を裏切ることにつながります。値引きをするのではなく、想定されるお客様ごとに価格帯が違う商品・サービスを用意しておくのが得策です。

説明マシーンにならない

商品・サービスの説明だけをつらつらと話しているのは、営業担当者としてはある意味楽ですが、そんなことでは商品・サービスは売れません。営業は説明マシーンではありません。1人ひとりのお客様の未来を予想して、お客様にとってその商品・サービスを購入することでどんなメリットがあるのか、何が実現できるのかの想像力をかき立てていただくことが重要です。自分が心から自社の商品・サービスにほれ込んでいる点は何か、何が誇れるかを心から伝えることができているか、よりよく伝えるにはどうしたらいいかを常に考えなければなりません。

「うまいこと」ばかりをいわない

メリットだけをあげつらう人を信用することができるでしょうか。価格もクオリティも同時に全部の要素で100％の商品・サービスなど世の中に存在しないものです。メリットもデメリットも含めて、トータルでご検討いただくことがお客様の納得感を生みます。アピールしたい長所やメリットがある一方、デメリットや弱点があるなら、そのことも誠実に伝えるべきです。

ノルマやテクニックに走らない

売上を達成したいばかりに、ノルマや営業テクニックに走り、無理に営業をするのは厳に慎むべきです。お客様に「売ってくれ」と頼まれるような商品・サービスをそもそも提供できているか、その点を常に突き詰めて考え、改善しなければなりません。

営業とは課題解決である

営業は「売りつける」行為ではあってはなりません。お客様の課題を解決するために全力で考え行動し、お客様から「売ってください」と頼まれるようにすることが重要です。お客様の課題を解決するために考え行動するということは、時に商品・サービスそのものから離れたフィールドで考え行動することにもなりますが、それができるようになれば売り込む必要などなくなります。

否定から入らない

お客様からの要望に「できません」という否定から入るのはやめましょう。どうしたらできるようになるのかを、お客様と一緒に全力で考えることを目指すべきです。

期待値のコントロールをする

　売りたいからといって、できもしないことを「できる」などと調子よく答えることは禁物です。後でトラブルやクレームに発展する可能性が高くなります。

3 メリット・デメリット対応の用意をしたか

　どんな商品・サービスも、すべてにおいて完璧なものは存在しません。

　新築マンションの部屋で考えてみましょう。図表18と図表19に示すように、同じ物件の中だとしても、主採光がどの方角か、何階かなどによってそれぞれメリット・デメリットがあり、また買う人によって何が得たいメリットなのか、あるいは何が我慢できるデメリットなのかが異なる可能性があることもわかります。

　つまり、お客様1人ひとりの考え方や置かれている環境や事情によって、何を勧めるべきかが変わってくるのです。他社の商品・サービスとの比較でも、自社の商品・サービスを選ぶことで何が違うのか、あるいは何がデメリットになりうるのか、違いはないのかなどを把握しておくこと、説明できることが重要なのです。

図表18　主採光の方角によるメリット・デメリット

	メリット	デメリット
南向きの部屋	・1日中、日当たり最高	・価格が高い（ローンが組めないかも） ・人気が高い（抽選ではずれるかも）
東向きの部屋	・朝日を浴びることができる ・価格が安い（ローンを組みやすい） ・人気が集まりにくい（抽選で当たるかも）	・午後は日が当たりにくい
西向きの部屋	・価格が安い ・人気が集まりにくい	・午前中は日が当たりにくい ・西日が入ってくる

図表19　部屋の階層によるメリット・デメリット

	メリット	デメリット
最上階の部屋	・眺望が最高に良い	・価格が高い ・夏は暑いかもしれない ・エレベーター待ちがある
2階の部屋	・価格が安い ・エレベーターを使わなくても1階分階段を上るだけ	・眺望がよくない
1階の部屋	・エレベーターを使わなくても良い ・専用庭がついている ・価格が安い ・下の階がない分、足音などに気を使わなくて良い	・眺望がよくない ・湿気が多い ・冬は寒いかもしれない ・専用庭の手入れが面倒かもしれない

　自社の商品・サービスのラインナップのすべてについてメリットやデメリットを正しく把握するとともに、ライバル他社や自社の商品・サービスの代替手段となるような商品・サービスとを冷静に比較し、自社商品と他社商品のメリット・デメリットについても整理し、お客様一人ひとりに適切なアドバイスをできるよう準備をすること、そして、その整理したメリット・デメリットの情報を社員全員で情報共有したかどうかが大切なことなのです。

　営業にあたっては、「自分がほれ込んだよいものを提供する」「お客様にとってのメリット・デメリットをわかりやすく説明する」「きちんと誠実に対応する」という、「当たり前のことを当たり前に行う」ことが何より重要です。いろいろな話法やクロージングテクニックもありますが、それは「近道」にはなりえません。むしろ当たり前のことができていれば、そんなものは要らなくなると思うのです。ぜひ、皆で意識統一を図っておきましょう。

─── 失 敗 パ タ ー ン ───

・最初から営業に専念する社員を雇ってみたものの、まったく成果が上がらない
・ノルマや営業テクニックに走り、まったく売れない
・自社の商品・サービスのメリット・デメリットが整理できていない

PART 4　営業・マーケティング　　117

営業のルール（するべきこと、しないこと）を決めておこう。
その理由、信念は何か。

ルール1	
	【理由・信念】
ルール2	
	【理由・信念】
ルール3	
	【理由・信念】
ルール4	
	【理由・信念】
ルール5	
	【理由・信念】

02 商品・サービスを買ってもらう販売チャネルを確立する

　商品・サービスを買ってもらう販売チャネルを考えるとき、その作戦は無限大にあります。ただ、どの販売チャネルを選ぶか、またどの程度、ブランドイメージや信頼度が上がっているかで、成果は大きく異なります。
　図表20は、どのようなルートで購入するか、信頼度の高低、ライバルの多寡の関係を表した概念図です。

図表20

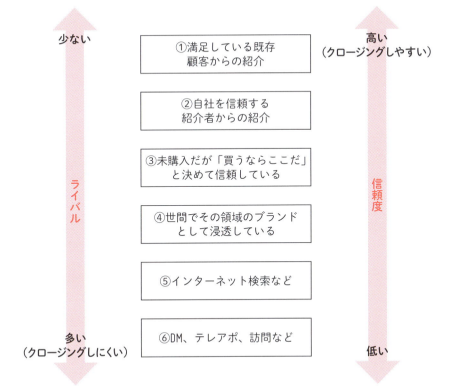

PART 4　営業・マーケティング

販売する事業者側から見れば、上に行くほど信頼度は高くライバルも少ないためクロージングしやすくなり、下に行くほど信頼度は低くライバルも多いためクロージングしにくくなります。

　例えば、①の「すでに購入済みで満足している既存顧客からの紹介」であれば、信頼度も高くクロージングしやすい状況です。ライバルは少なく、競争にさらされる状況ではありません。一方で、⑥のようにいきなりDMを送ったり、電話営業をかけたりするケースでは、信頼度も低く、クロージングに至る確率は少ないでしょう。当然、比較されるライバルも多い状況となります。

　このように、どのレベル感の状況を作り出し、どのレベル感で販売チャネルを構築するかで有利不利は異なります。この点をまず頭に入れたうえで、各段階でどのような努力ができるかを検討してみましょう。

①いま、満足している顧客からの紹介
　◦既存顧客を大切にする
　◦お客様紹介制度を構築する
　◦リピーターに買い続けてもらう（ストックビジネスを目指す）
　◦口コミ（お客様の声）
②信頼できる紹介者からの紹介
　◦紹介者をどう広げるか考える
　◦どのように口コミを起こすか
　◦提携先拡大、紹介システム確立
③未購入だが「買うならここだ」と決めて信頼している
　◦潜在顧客をどのように拡大し、どうつながり続けるか
　◦最初の接点を持つための、無料オファ、フロントエンド商品はあるか
④世間でそのジャンルのブランドとして確立している
　◦ブランディングをどう進めるか
　◦メディアや出版などを通じて露出できるか
⑤インターネット検索など
　◦SEOやリスティング広告をどのように活用できるか
　◦Webサイトのクオリティを上げる

- SNSも活用する
- Web制作や広告などに補助金を活用できるか検討する
⑥ DM、チラシ、訪問など
- どのように反響率を高めるか
- DM、テレアポ、訪問等を続けるのか、他の方法があるかも再検討する
- DMなどに補助金を活用できるか検討する

───── 失 敗 パ タ ー ン ─────

- ただやみくもにチラシのポスティングを行い、成果が出ない
- SEOも意識せずにホームページだけで集客できると考えたが、成果がまったく出ない

どの段階のターゲットにアプローチするのか、方法も含めて検討してみよう

①	いま、満足している顧客からの紹介	
②	信頼できる紹介者からの紹介	
③	未購入だが「買うならここだ」と決めて信頼している	
④	世間でそのジャンルのブランドとして確立している	
⑤	インターネット検索など	
⑥	DM、チラシ、訪問など	

03

人脈の広げ方を見直してみよう

　私はここ数年、人脈開拓の場を提供する活動を推し進めています。月に1回は弊社のセミナールームやWeWorkを会場としたビジネス交流会を主催し、大手企業、中小企業、ベンチャー、起業予備軍、士業・コンサルタントなどの専門家などが、パートナーや提携先、取引先などを開拓できる場を提供しています。

　なぜかといえば、今後、いくらAIが発達して人間の仕事を奪おうとも、「ビジネスの中心は絶対に人間だ」という確信があるからです。

　上場したベンチャー企業を研究すると、このことがよくわかります。そこには必ず、技術や財務、マーケティングなど、「キーマン」といえるような優秀な人材がいて、取引先、出資者、協力者、ファンなど、外側の関係者も大きな強みとしています。

　これから起業する人、起業したものの事業が軌道に乗っていない人は、ぜひ一度、以下の視点で今の人脈の質と量を振り返っていただきたいのです。人脈が変われば、事業を短期間で大きく変えることができるのです。これは多くの起業支援をしてきた私の確信です。

1 「人脈」とは名刺の数ではない

「人脈」の意味を取り違えてはいけません。本当の意味での「人脈」とは、あなたが本当に困ったときに、体を張って助けてくれる人たちであり、自分がそうしたい人たちです。名刺の数でも、Facebookの友達の数でもありません。

2 自分の力をつけるのが先

　人にお客の紹介ばかりを頼む人がいます。どんな業種でも紹介営業は大事ですが、初めからそればかりに頼るのは考えものです。人を頼ってばかりでは成長しません。自分で切り開く努力をせずに他力本願だけでは、せっかくの成長の機会を無駄にしてしまいます。

　起業準備中にいろいろな社長に会いに行き、何らかの利益を引きだそうと躍

起になる人もいます。本当に素直な気持ちで会いにいくのならよいのですが、「利用しよう」という気持ちは相手にも伝わってしまいます。

　会いに行くのなら、最低でも相手にとってのメリットを提案できる状態にしておかなければなりません。それがビジネスです。果たして起業前にそれができるでしょうか。むしろ、まずは自分自身で起業家として奮闘して独り立ちし、ある程度、成長してから行くくらいの感覚や覚悟が必要だと思います。

3 相手の真意を汲み取る

　あなたが起業すると宣言したとたん、いろいろな人があなたに近づいてきます。起業したばかりの経営者は隙だらけ。「利用してやろう」と近づいてくる人間もたくさんいるのです。こんな人に利用されて振り回されてしまえば、ビジネスでの成功は遠ざかってしまいます。

　とはいえ、「誰に対しても疑心暗鬼になれ」というのではありません。大したメリットもないのに、純粋にあなたの成長を願い、心から応援してくれる人もたくさんいるはずです。「その人が自分に近づいてきた理由」「相手にとってのメリット」を必ず考えるクセをつけておけば、相手を見誤ることはないはずです。

　その人はあなたを本当に応援しようとしている人でしょうか。彼らの真意を汲み取り、振り回されないように注意しましょう。

4 仲間を見つける

　何十年もビジネスをしている人であれば、だいたいどの業界にも人脈を持っているものです。起業してこれから人脈を構築していくなら、そのような人を頼るのではなく、自分と同じように起業したばかりのステージの人を仲間にしていくのもお勧めです。学生時代の同級生や新社会人としての同期入社組のような関係であれば、お互いにフェアで良好な関係が築けるはずです。

5 人脈とは「縁」である

「人脈」とは、テクニックを駆使して作るような不自然なものではありません。自然と広がっていく、いわば「縁」なのです。あなたの生き様がそのまま表れるものだといってもよいでしょう。柳生家の家訓にも「小才は、縁に会って縁

に気づかず。中才は、縁に気づいて縁を生かさず。大才は、袖振り合う縁をも生かす」とあるように、人脈作りとは、自分が今いるポジションで、どれだけ周りの人を大事にするか、出会ったすべての人を大切にするかというところから、もうすでに始まっているのです。

6 紹介者を広げるコツ

誰かを紹介してもらうには、知り合った人に、尖った内容で自分や自社の事業について30秒以内で紹介できることが重要です。ありふれた内容をいくら話しても、相手の印象には残りません。

これをあらゆるシーンで意識しましょう。事業で関わるすべての人から紹介してもらうチャンスがあります。例えば、銀行の担当者とは極力仲良くなって、事業そのものを応援してもらいましょう。仕事の紹介をしてもらえる可能性も大いにあります。届いた営業メールでも、時間が許す限り会ってみることをお勧めします。相手の商品・サービスの売り込みを聞くのと同時に、自社のビジネスも説明するのです。私自身、この方法でかなりの数の紹介ルートを開拓しています。

7 交流会での過ごし方

交流会では、やみくもに名刺交換をしても意味がありません。「名刺を何枚もらえるか」などという発想はナンセンスです。名刺交換タイムが1時間だとしたら、その中で本当にビジネスに対する価値観が同じで、一緒にビジネスをできるような出会いが1つか2つあればいいのです。それがあなたのビジネスも、人生も豊かなものにしてくれるはずです。

ここで大事なのは、個別のアポイントを取りつけることや、必ずFacebookやメールで連絡をとり、何かあればお互いに連絡可能な状況を作ることです。お互いに顔を覚えている当日、もしくは翌日に連絡するのが鉄則です。

8 交流会での会話

交流会で話す内容も、とても重要です。何より禁物なのは、ひたすら自社の商品・サービスの売り込みをすることです。優先すべきは相手の話をよく聞く

ことであり、自社については、商品・サービスではなく「自分自身」を印象づけることが結果につながるコツです。

交流会の人脈のキーマンが誰かをよく観察することも大切です。多くは、主催者の中にキーマンがいます。そのキーマンと話す時間を必ず作り、自分に適した参加者を紹介してもらうという「技」を身につけましょう。

9 勉強会、交流会の選び方

「交流会」にも、いろいろなものがあります。参加者によるプレゼンと名刺交換がセットになったもの、セミナー・勉強会と名刺交換がセットになったものなど、集まる人の階層や質もまちまちです。最初は、どんなものに参加すべきか戸惑うこともあると思います。

私がお勧めしたいのは、銀行主催の交流会、士業・コンサルタントが主催する交流会です。銀行にせよ、士業・コンサルタントにせよ、信用が大事な商売です。当然ながら、壺や高級布団などを売りつける人やマルチ商法の人などは招待しません。一定以上のクオリティの人が参加することが保証されているうえ、優秀な経営者が集う会である可能性が高いといえます。

また、毎回同じメンバーだけが集まる会ではなく、大多数のメンバーが入れ替わっていくものを選ぶように心がけましょう。いまは人脈を広げることが至上命題な時期です。交流会参加仲間を作り、一緒にあちこち回ってもいいでしょう。そうした仲間から、よい交流会の情報を得ることも期待できます。

10 交際費を予算化する

起業当初は、交際費をケチらないことです。むしろ、「毎月3万円」などと予算化し、必ず消化することを心がけるほうが成果を上げやすいでしょう。ランチ会や飲み会などにも積極的に参加してみましょう。ただし、同業者団体の会にばかり参加していてもあまり意味がありません。いままで生きてきた自分の世界とはまったく違う世界へと飛び出していくことを意識しましょう。

―――― 失敗パターン ――――

・人脈を広げることの価値に気づかず、本当に頼れる人脈を持って
　いない
・人脈を提供してくれる人を味方にできていない

人脈見直しチェック表

☑	今の自分を本当に助けてくれそうな人物を書き出してみよう ・ ・
☑	知り合った人物に今の自分が与えられるメリットを書き出してみよう ・ ・
☑	今自分に必要な人はどんな人かを書き出してみよう ・ ・
☑	起業仲間といえる人物は誰かを書き出してみよう ・ ・
☑	既存の人脈から紹介をもらうために何ができるかを考えよう ・ ・
☑	紹介者を広げる取組みを考えてみよう ・ ・
☑	交流会後、今後につなげるフローを考えてみよう 交流会での名刺交換→（　　　　　　　　　　　　　　　　　）→ （　　　　　　　　　　　）
☑	交流会での会話　自分を印象づける自己紹介を考えてみよう 私は（　　　　　　　　　　　　　　　　　　　　　　　　　）
☑	勉強会、交流会に参加してみよう →興味がある勉強会、交流会 （　　月　　日　会場　　　　主催者　　　　　内容　　　　） （　　月　　日　会場　　　　主催者　　　　　内容　　　　）
☑	交際費を予算化してみよう →（月　　　　　円）

PART 4　営業・マーケティング　　127

04

SNSを使った集客方法／
SNSの本当の使い方

　起業当初は、広告宣伝に使える予算は少ない状況といえます。そこで多くの起業家の方が考えるのが、SNSを使って無料で宣伝・集客できないかということです。弊社で開催する起業セミナーでも、SNS関係のものは毎回すぐに満員御礼となる人気ぶりです。ただ、こうしたセミナーなどで基本を学ぶことなくSNSでの宣伝をしている人の中には、まったく結果が出ないという人も多くいます。なぜなら、「正解」を知らないままに進めるからです。SNSは、最低限の法則を知ったうえで取り組まなければなりません。

1 どのSNSを選ぶか

　SNSには流行りもあり、あちこちに飛びつく人も少なくありませんが、多くのSNSに手を出して、すべてが中途半端になるという失敗もよくあります。1つか2つに絞ってじっくりと展開することをお勧めします。

　では、どのSNSを選べばよいのでしょうか。図表21のような特色があり、インスタグラムはプロの写真家レベルの腕がないと難しい、LINEは情報拡散というよりもコミュニケーションツールという面が強いなど、各SNSには特徴があります。自社の展開するビジネスに合ったものを選ぶとよいでしょう。

図表21　主なSNSと特徴

バランスからいえば、Facebookがお勧めです。Facebookは今後も流行り廃りの影響を受けにくいといわれているSNSです。私自身もFacebookを特に重視しているため、以下、Facebookに絞って紹介していきたいと思います。

2 SNSはインフォメーションツールではない

Facebookを宣伝ツールと考えて、告知ばかりを投稿するケースがよくあります。ただ、基本的にSNSは友達同士が集まってそれぞれの近況を報告するような、いわば「コミュニティツール」です。そこで宣伝ばかりをすれば、反感を買ってしまうこともあるかもしれません。投稿は「共感」されるような内容のものを中心にするように心がけ、宣伝はごくたまに、少しだけ織り交ぜる程度にとどめるのがコツです。

3 写真は大事 ──「人」は「人」に反応する

Facebookでは、よい写真を載せれば「いいね！」が伸びるという傾向があります。また、長年の研究成果から、「人」は「人」に反応するということがわかっています。つまり、無機質な景色やモノの写真を載せるよりも、「人」が登場したほうがはるかにいい反応があるということです。実際にやってみれば成果が実感できることでしょう。

Facebookに載せるために、人の写真を多く撮りましょう（もちろん、写真掲載

PART 4　営業・マーケティング　　129

の許可は必要ですが）。

4 毎日1回は投稿する

筆無精はSNSの敵です。SNSで集客したければ、1日に1回は必ず投稿することを心がけましょう。1日に何回も投稿する必要はありません。ターゲットが読んでくれそうな時間帯を分析し、時間を決めて投稿することを習慣化してしまえばいいのです。私の場合は、昼休みに読んでもらうことを意識して、だいたい毎日、お昼前から書き始め、12時20分くらいに投稿するようにしています。

5 テーマを決めてシリーズ化

毎日適当なことをつぶやくのではなく、テーマを決めて、シリーズ化した記事として投稿する方法もあります。「テーマ」は仕事とは無関係なものでもかまいません。その街の歴史や古写真を載せて、地元の人に読んでもらうなど、シリーズ化したブログのような展開から集客に結びつけている例もあります。

6 長文、リンクは読まれない

Facebookは長文も書くことができますが、長文ではあまり読んでもらえなくなるという傾向があります。できる限り、伝えたいことを簡潔に、短くまとめるようにしましょう。また、外部のブログなどにリンクする方法もあまり読まれない傾向にあるようです。外部の自分のブログにリンクするくらいなら、Facebook上に簡潔にまとめて投稿することをお勧めします。

7 題名をつける

「【オススメのお店】」「【起業・経営支援日誌】」など、投稿する記事の冒頭に題名をつけると読んでもらいやすくなります。Facebookの場合、ある程度以上の文章は折りたたまれてタイムライン上に表示されなくなります。そこで、投稿の冒頭部にターゲットの興味を引くようなキャッチーなタイトルや文章を書く工夫が必要になります。

8 大事なのは友達の「数」ではなく、「質」の良い友達とつながること

ひと昔前は、Facebookの友達の「数」が競われていました。というのも、つながった友達全員に情報を拡散できたからです。ただし、現在は、自分の投稿がタイムライン上に表示されるのは、つながっている友達全員ではなく、せいぜい数十人だということがわかっています。質の良い情報の拡散を考えるならば、ターゲットに近い属性の人とつながっている「質の良い友達」とつながることを意識することのほうが重要です。その人たちにシェアしてもらうことを目指しましょう。

9 紹介の場として十分に活用する

集客を目的にFacebookを継続する最大のメリットとして、紹介ツールとしての活用が挙げられます。Facebookを使いこなしている人は、メッセンジャー機能をうまく活用しています。お互いに紹介したい友達がいたらグループを作成し、そこで紹介しあうのです。これは、いわばWebとリアルの融合といえるでしょう。

SNS疲れでFacebookを敬遠する人もいますが、この機能を活用しないのは得策ではありません。ぜひ、これを機に取り組んでみてください。

10 プレプロモーションをすること

サービスの開始やお店の開店を待ってからFacebookで発信するのでは、集客が間に合いません。本当にFacebookの使い方が上手い起業家は、準備段階からその様子を発信し、期待感を高めていきます。それによりファンを集め、よいスタートダッシュにつなげるのです。

11 Facebookは拡散ツールであることを認識する

Facebookで既知の知り合いに発信するだけでは本当のパワーを使っているとはいえません。写真へのタグ付け、シェアなどを通じて、既知の知り合いではない人にどう拡散していくかを考えましょう。そのためにも質の良い友達を広げることがカギとなります。

── 失敗パターン ──

・SNSを始めてみたものの、三日坊主で続かない
・一生懸命取り組んでいても、「集客」や「ブランディング」につながらない

SNSで集客をするためにやるべきことチェックリスト

☑	どのSNSを選ぶか検討する
☑	インフォメーションとして使わない
☑	写真は大事／「人」を撮る
☑	毎日1回は投稿する
☑	テーマを決めて、シリーズ化する
☑	長文を書かない／ブログにリンクしない
☑	題名をつける
☑	友達の「数」ではなく「質」を重視する
☑	紹介の場として十分に活用する
☑	プレプロモーションを実行する
☑	SNSは拡散ツールであることを認識する

05

ジョイントベンチャー、紹介料の考え方

1 ジョイントベンチャーの組み方

「ジョイントベンチャー」とは、ある会社と別の会社が、お互いの強みである経営資源（顧客、見込み客など）を相互活用することにより補い合い、共にビジネスを加速させる方法です。お金をほとんどかけずに強力な営業手段を手に入れることができるため、起業家に向いています。代表的な方法は以下のとおりです。

- 紹介が売上につながった場合は紹介フィー（紹介料）を払う
  ※弁護士業など一部の業種では、仕事の紹介を受けた場合のフィーの支払いを法的に禁止している場合もあります。ご注意ください。
- 互いに送客する（フィーはなし）
- 送客する代わりにサービスなどを提供してもらう

　いずれの方法も、相手が紹介しやすく手間をとらせない環境を整えることが重要です。多くの相手に声がけするほど効果があります。
　ジョイントベンチャーを成功させるポイントは、以下の4つです。

(i) 基本的な条件を決めておく

　いつ、いかなる時にジョイントベンチャーに最適な相手が現れてもいいように、「見込み客を紹介してもらい、無事に成約したら、売上（税抜）の20％をお支払いする」といった基本的な条件を決めておきましょう。このルールは、相手の記憶に残るような、単純な内容であることが理想です。いつでも提携関係を結べるように、あらかじめ、業務委託契約書を作成しておくのもよいでしょう。

(ii) 相手に手間をとらせない

　相手が紹介しやすく、手間をとらせない環境を整えることが重要です。手間と

PART 4　営業・マーケティング　133

手数料を比較して、割に合わないようでは紹介を得ることはできません。相手側の作業や連絡などは最小限に抑える工夫をするとともに、自分ばかりが儲かる仕組みではなく、共に利益をあげられる発想が関係性の維持には不可欠です。

(iii) わかりやすい商品・サービス

ジョイントベンチャーの相手は、その商品・サービスのプロではありません。見込み客に説明するときにわかりやすい商品・サービス、価格体系にしておきましょう。わかりやすいパンフレットやパワーポイントで作った説明資料などを用意して渡しておくことも有効です。

(iv) 魅力的な商品・サービス、価格

当然ながら、商品・サービスが魅力的なものでなければ、見込み客がいたとしても紹介には至りません。魅力的な商品・サービス、価格になるように、常に惜しまず努力しなければなりません。

2 紹介を得意とする専門家をうまく活用する

紹介者がいたために、ある企業との初めての商談もすんなりと進めることができた——誰しもこんな経験があるかと思います。商売はある意味、人脈がものをいいます。自身に人脈がない場合には、人脈が豊富な人物を頼るのも1つの手です。

そこで知っておきたいのが、日頃から新たな人脈を開拓し、企業と企業をマッチングして結びつけることを得意としている専門家やコンサルタントの存在です。例えば、ある大手企業と取引を始めたいけど、ルートがない。こんなときに頼れるように何人かの専門家やコンサルタントを知っておくとよいでしょう。弊社の役員も、こうしたお手伝いをしています。

失 敗 パ タ ー ン

・「紹介制度を作る」という発想がなく、根性で営業している
・人脈がないために販路を開拓できず、八方塞がりで時間だけが過
　ぎていく

紹介制度の案を考えてみよう

例）紹介してくれた企業に紹介料として売上の●％を還元する

06

コバンザメ的な戦略を考えてみよう

　何の戦略もなく、地べたの営業ばかりで事業を諦めかけている起業家をよく見かけます。「根性だけで何とかする」というのは、長く続くものではありません。「地べたで這いつくばって頑張る」という発想の前に、どのように空中戦を展開して知名度を上げるかを考えなければなりません。頑張りどころは、むしろそこなのです。

　起業して間もなく体力がない会社がとれる戦略の1つとして、「コバンザメ戦法」というものがあります。自社のホームページやサイトにお金をかけて SEO やリスティング広告などで目立たせるのは大変です。何事にも「お金をかけられない」のが起業家の基本ですから、もっと視野を広げ、どうしたらお金をかけずに「すでに SEO が効いている大手サイト」と絡めるかを考え抜くというのも1つの手です。

　他にも、隣接している業界で上位の会社とどうしたら友好的に協業・提携・ジョイントベンチャーを組めるかを探っていく方法もあります。直球ばかりの思考ではなく変化球での思考をすると、お金をかけずとも戦略の幅と速度、確実性を上げることが可能になります。

　TV や雑誌、Web メディアなどの発信力に便乗し、知名度を上げるのも有効な手段です。最初こそ難易度は高いですが、コツをマスターしてしまえば、不可能なことではありません。どうしたら TV や雑誌などに取り上げてもらえるでしょうか。TV・ラジオなどのディレクター、新聞、雑誌、Web メディアの編集者が出演者、執筆者、取材対象者などをどこで見つけているのかを考えてみましょう。

　世間でよく推奨されているのは、こうした TV 局などに向けて、こまめにプレスリリースで発信する方法ですが、TV 局の現役プロデューサーなどに聞いてみると、実際にはプレスリリースはほとんど読まれていないようです。忙しい仕事をしている中、毎日、大量に送られてくる FAX などのプレスリリース情報を見る暇などないのです。

では、現実的には、どのようにして出演者、取材対象者などを探すのでしょうか。これは圧倒的にWebや著書だそうです。彼らがある特定ジャンルの情報が必要になったとき、真っ先にすることは、Web上での検索です。そして、いくつかの取材対象を発見したあと、それぞれを比較し、最終的に誰に連絡をとるのかを決めるのです。

　このプロセスを理解しておけば、行うべきことは自ずと絞られます。自社のWebサイトに「その道を極めている存在は自分（または自社）だ」ということをわかりやすくPRしておくのです。例えば、ある業界での実績がナンバーワンだということ、他にはないおもしろい特徴がある商品であることなどを、目立つところに書いておくのです。バナーなどを作り、受賞実績、出展実績、取材実績など、目に見える成果を掲げておくとより効果的です。できるだけ早く、こうした受賞、出展、取材などの実績を上げることが有名になる近道です。小さなところからでも、メディア掲載の実績を少しずつ上げていきましょう。

　メディアミックスもぜひ取り入れたい考え方です。「メディアミックス」とは、複数の広告販促手段を連携的に設計して運用する手法です。ある地方TV局では、有名なお笑い芸人などが出演する番組内で、中小・ベンチャー企業の商品・サービスや会社自体をPRしてくれるという有料サービスがあります。地方のTV局ではあまり効果がないように思うかもしれませんが、その映像の二次利用が認められているという点が重要なのです。

　映像の二次使用が認められていれば、そのあとの展開として、YouTubeに映像をUPし、自社のホームページにバナーを貼ったりSNSで発信したりして、ブランド力を高めるといったことが可能なのです。TVで取り上げられたこと、タレントが番組内でPRしてくれたことは、ブランド力に欠けるベンチャー企業にとって、ライバル他社に差をつけるきっかけになるでしょう。これは口コミや紹介で広がっていくときにも大きな武器になります。

――― 失 敗 パ タ ー ン ―――

世間に対して、圧倒的に知名度を上げる手段を検討・実行していない

どんな形で、どんなメディアに取り上げられたいかを考えてみよう

	どんな番組、コーナー	目指すターゲット	内容	採用ルート
Webメディア	例)「Food Now」	食通な読者	話題の店紹介	専門家の紹介
雑誌				
新聞				
ラジオ				
テレビ				

07 コンテンツマーケティング・出版を経営に活かす

いわゆる「コンテンツマーケティング」も検討してみましょう。ターゲット客層の検討期間が長く、契約までのハードルが高い比較的高額な商品・サービスと相性が抜群です。Webメディアの立ち上げや参加だけでなく、出版も検討材料にしてみてください。ブランディングや集客で大きな効果が期待できます。前述のように、メディアが取材先を探す際、その道で著書を出しているかどうかも大きな判断のポイントとなります。私も処女作の出版後、TVや雑誌などの取材依頼が一気に増えました。「自分には無理」と思わずに、一度検討してみることをお勧めします。

1 出版を目指すうえで必要なこととは？

私が10冊を超える著書を出版してきたことから、「出版したい」という起業経営相談も増えています。ここで、本を出して経営に活かすにはどうすべきか、その基本を見ていきましょう。

まずは「何をテーマに書くか」です。商業出版には「売れる！」という見込みが必要です。企画が通るには、読者がお金を出してでも知りたいノウハウがその書籍に詰まっていなければなりません。誰でも書けるようなことではなく、あなた自身の経験、体験に基づいた独自のノウハウがないか、棚卸ししてみましょう。類書にも勝てるような独自ノウハウがあれば最強です。

出版社側が困るのは、締め切りまでにきちんとした文章が書けないことです。そこで、「書けること」を証明しなければなりません。少なくとも分量的に書けること、読者がスラっと読めるレベルの文章力があることが必要です。このためにお勧めするのは、ブログを継続的に書くことです。独自ノウハウを体系化して、コツコツと書いていきましょう。

ブログなどの場合、Web上で検索した場合に検索ワードで引っかかる可能性が高いかどうかも重要です。出版社の編集者が著者を探す際には、ブログを参考にしているケースが多いのです。

PART 4　営業・マーケティング　139

読者が本を選ぶにあたっては、「誰が書いたか」も重要な要素です。本業で経験を積み、目に見える実績（何かで1位になる、ブログの読者が〇千人いるなど）をあげましょう。本を出版して本業の売上に結びつけたいという起業家は少なくありませんが、本業で一定程度の実績をあげていなければ本業の売上に結びつけることはもちろん、書籍としての採算がとれることすらも難しい（＝出版社が出版を請けてくれない）といわざるを得ません。出版を考えるときは、同時に本業でどのような成果（＝書きたいテーマに沿った成果）を上げていくかも戦略的に考えましょう。

2 企画書の書き方

出版を目指す際に、まずは企画書を書きましょう。企画書には、タイトル、コンセプト、読者層、類書、まえがき、もくじ、サンプル原稿の7つの要素が必要です。

タイトル
タイトルは大事です。一目で内容がわかり、読みたくなるようなものを考えましょう。

コンセプト
どんなことを書くのか、類書とは何が違うのかを説明します。

類書
類書は購入し、必ず目を通してください。上記のコンセプトを明確にするうえでも、類書の確認は重要です。ただし、この項目では、ライバルになりそうな本を2、3挙げればOKです。

読者層
どんな読者層に刺さるものにするか、メインターゲットとサブターゲットを想定してみてください。

まえがき案
どうしてこの本を書くかという動機、誰がどのように役立てることができる知識かも織り込みましょう。

目次
ビジネス書の基本的な構成は、7〜8章立てで1章当たりだいたい7〜8節、全体で200〜250ページが基本です。お手元のビジネス書を数冊ご確認いただくと、このような構成のものが多いのではないでしょうか。この基本的な構成に沿って、目次を書いてみましょう。あなたにしか書けない「独自ノウハウ」や経験を活かした目次構成が重要ですが、この作業をすること自体が、自身の持つ

「独自ノウハウ」を整理し、体系化する助けとなります。ぜひ、取り組んでみましょう。

サンプル原稿

　どのような内容で、どのような文章を書くのか、実際に書けることを示す意味でもサンプル原稿を書いてみましょう。分量としては1章分くらいが目安ですが、その本のよさや内容が一番伝わりやすいところを選ぶとよいでしょう。

　書式は特殊なものでなければ、Wordや一太郎、単純なテキスト形式などの使い慣れたもので、行数や体裁なども無視して書いても問題ありません。

3 商業出版に至るルート

　出版には、自分で印刷費用などを支払って出版する自費出版もありますが、目指すならやはり商業出版です。出版社に企画を持ち込む方法には、以下のようなものがあります。

出版社に送りつける

　出版社にいきなり原稿を送りつけたり、電話やメールでアポイントを試みたりする人もいますが、この方法はあまり推奨できません。出版社の毎日の忙しい仕事の中では後回しになりがちで、送った原稿を読んでもらえない可能性ももちろんあります。このルートで採用される確率は1％未満だといっても過言ではないでしょう。

紹介

　すでに商業出版を実現している著者に紹介してもらう方法です。いきなり原稿を送りつけるよりは、読んでもらえる可能性は確実に上がります。私のところに届く紹介依頼についても、「見込みがある！」と思える企画については出版社や編集プロダクションにご紹介しています。

出版コンサルタントを頼る

　企画書の添削指導や出版社の紹介を仕事としている出版コンサルタントを頼るという手もあります。報酬としては、コンサルタント報酬や会費を固定で納める、成功報酬的に印税の一部を納めるなどの方法があります。

　ちなみに私が1作目を出版したきっかけは、上記の3つのどれでもなく、Webコンテンツの執筆記事に興味を持った出版社からお声がけいただいたことでした。日頃からWeb上で読者に役立つ情報を発信していれば、出版の可能性もあるということです。

4 電子出版という出口

　商業出版を目指してみたものの、途中で挫折してしまうケースもあります。例えば、ある編集者が月に2冊の本を手がけたとしても、年間で24冊です。この24冊の中の1冊に入るのは、それなりに高いハードルです。仮に編集者が「進めましょう！」と言ってくれても、社内の会議を突破できないこともあります。

　そんな中、どうしても世に著書を出したいと考えたとき、最終的に出口となりうるのは「電子出版」です。自費出版よりも格安でamazonのkindleなどで流通することが可能です。ただし、電子出版で世に出してしまった内容は、そのあと商業出版で出せる確率が低くなることには注意しなければなりません。現状では、電子出版よりも商業出版を実現できたほうが著者のブランドイメージは高くなる傾向にあります。商業出版に強いこだわりを持つ場合、まずは全力で商業出版を目指したほうがよいでしょう。

―――――― 失 敗 パ タ ー ン ――――――

出版で世の中にPRできるようなネタを持っているのに、実行しない

商業出版の企画書を書いてみよう

1	タイトル	「 」
2	コンセプト	《メインターゲット》 《サブターゲット》
3	類書	・「 」（ 社） ・「 」（ 社） ・「 」（ 社）
4	読者層	《メインターゲット》 《サブターゲット》
5	まえがき	別紙に書いてみよう
6	もくじ	別紙に書いてみよう
7	サンプル原稿	別紙に書いてみよう

08

クラウドファンディングを活用しよう

　最近注目を集めている資金調達手段に、クラウドファンディングがあります。「クラウドファンディング」の「クラウド」は「雲（cloud）」ではなく、「群衆（crowd）」だということをご存知でしょうか。つまり、「クラウドファンディング（Crowd funding）」とは、（インターネットのサイトを通じて）大勢の個人から少額のお金を集めることで資金調達をする方法なのです。

　クラウドファンディングの形式には「寄付型」「金融型」「購入型」などがありますが、現在の主流は「購入型」のクラウドファンディングサイトとなっています。購入型のクラウドファンディングは活用の幅も広いため、ぜひ基本的な知識を勉強しておきましょう。

1 購入型クラウドファンディングを利用するメリット

　購入型クラウドファンディングを利用するメリットには、以下のようなものがあります。

資金調達の幅が広がる
　自己資金や経験の側面で創業融資が通りにくいような場合でも、事業資金を集められる可能性があります。また、創業融資のほかにも資金が必要なときに併用することも可能です。

事業をPRできる
　クラウドファンディングサイトで多くの資金を集めているプロジェクトは、メディアにも注目されます。新聞や雑誌の取材を受けるなど、事業に関して世間へのPRが必要なスタートアップ時期の起業家にとっては願ってもないPR手段となりえます。

ファン作りの場として使える
　クラウドファンディングサイトでは、サポーターに活動報告をしたり、逆にサポーターが応援メッセージを書き込んだりと双方向のコミュニケーションが可能で、事業そのものの「ファン作り」の場にできます。言い方を変えれば、スタートアップ期に必要な潜在顧客を獲得できる場となる可能性があるということです。

テストマーケティングの場として活かせる
　商品・サービスを本格的に売り出す前に、テストマーケティングの場として、

クラウドファンディングを使う方法もあります。ユーザーと双方向のコミュニケーションが可能であることから、ユーザーの意見を吸い上げ、改善点などに活かすことが可能です。

2 クラウドファンディング成功のコツ

クラウドファンディングで成功するためのコツは、以下のようなものがあります。

クラウドファンディングに関する正しい知識を身につけたか

クラウドファンディングは直接的にお金が絡むため、慎重に進める必要があります。まずは正しい知識を身につけましょう。不安があれば、クラウドファンディングに詳しい専門家に相談することをお勧めします。

何をリターンにするか

支援者の立場から見れば、クラウドファンディングは「応援できるネット通販」のようなものです。つまり、根本的に魅力的な商品・サービスでなければ成功しません。おもしろいリターン、魅力的なリターンを考えることに全力を注ぎましょう。こうしたリターンを考えることは、今後の事業のPRにもつながります。

準備が8割

クラウドファンディングでは、開始24時間以内に目標金額の30%を集めたプロジェクトの成立率は75%といわれています。24時間以内に30%が達成できなくても、開始1週間ほどで約45%を集めることができれば、成功率は70%といわれています。そのための準備を全力で行いましょう。

プロジェクト公開＝PRスタートでは遅い

上の項目と関連しますが、開始前からプロジェクトのPR活動をしっかりと行いましょう。そのために協力者を集めることが肝要です。モチベーションを上げ、全員の熱量の総和を高めていきましょう。

プロジェクト開始の10日前からクラウドファンディングの告知をする

上記の目標を達成するためにも、クラウドファンディングの開始を事前にどれだけ情報拡散できているかは非常に重要です。FacebookやTwitterなどのSNSや口コミなどで、周りの知人、友人、取引先などに拡散しましょう。ホームページやブログでの告知、プレスリリース配信なども同時に行うとさらに情報拡散を期待できます。

クラウドファンディング成功のカギは、SNSにあり

プロジェクトメンバー全員のSNSの友達（Twitterのフォロワー数、Facebookの友達数など）が合わせて1,000人を超えているのは最低ラインといえるでしょう。もちろん、「人数がいればいい」というわけではありません。SNSで発信力を持つ良質な友達を増やしておくことが肝要です。日頃からSNSのつながりを増やす努力をしておきましょう。

PART 4　営業・マーケティング　　145

熱い思いを語るライティングが重要

　クラウドファンディングのプロジェクトページでは、熱い思いを語るライティングが非常に重要になります。必要なのは、支援者の「共感」です。このプロジェクトを立ち上げるに至るまでの自分の人生、そして、ストーリーを書き上げましょう。

ビジュアルを整えることに意識を向ける

　クラウドファンディングサイトでは、多くのプロジェクトページが乱立しています。数あるページの中で興味を持ってもらうには、ライティングだけはなく写真やロゴなど、ビジュアル面も非常に重要な要素となります。Webデザインの専門家なども味方につけ、ビジュアル面の強化を図りましょう。

3 クラウドファンディングでの注意点

　クラウドファンディングには上記のように多くのメリットやコツがある反面、注意点やデメリットもあります。以下の点を押さえたうえでプロジェクトに取り組みましょう。

炎上に注意する

　クラウドファンディングでは、しばしばWeb上での炎上騒動が持ち上がります。その多くはリターンの内容や集めた資金の使途が原因です。例えば、集めた資金の使い道があいまいで、「プライベートな使途に流用してしまうのではないか」という疑念を受けるようなケースです。このようなリスクを避けるためにも、クラウドファンディングを進めるにあたり、専門家など第三者の視点からアドバイスを得ておくことが重要です。

必ず達成できる計画かどうか

　クラウドファンディングの目標設定には「All-in」と「All or Nothing」の2パターンがあります。前者は「目標金額に届かなくてもプロジェクトが成立する」もので、後者は「目標金額に届かない場合にはプロジェクトは不成立となり、支援者に返金される」ものです。

　注意が必要なのは前者の「All-in」を選択する場合です。例えば、お店を開くためには600万円のお金を集める必要がある場合で「All-in」を選択してしまうと、100万円しか集まらなかったとしてもプロジェクトは成立してしまうのです。そうなると、残り500万円は何とか別の方法で調達し、プロジェクトを成就しなければならなくなります。資金に不安がある場合には「All or Nothing」を選択しておくなど、慎重な対応が求められます。

クラウドファンディング成功チェックリスト

- ☑ おもしろいリターン、魅力的なリターンを考えることに全力を傾けたか
- ☑ クラウドファンディングに精通した専門家に相談をしたか
- ☑ プロジェクト開始の10日前には、スタートの告知をしているか
- ☑ SNSなどを通して徹底的なアナウンスを行う用意があるか
- ☑ 想いやストーリーが詰まった熱いライティングができているか
- ☑ Webの専門家なども味方につけビジュアルを整えたか

プロジェクトを考えてみよう

プロジェクト名

そのプロジェクトで実現したいことを具体的に書いてみよう

そのプロジェクトをなぜやりたいと思ったのか、書いてみよう

リターン（お礼の品）として思いつくものを書き出してみよう		
・	・	・

失 敗 パ タ ー ン

クラウドファンディングをやってみたものの、全然お金が集まらない

PART 4 　営業・マーケティング　　147

MEMO

PART

05

人 事 ・ 労 務

01

役員報酬の設定は慎重に

1 税務上の役員報酬のルール

役員になる前に、把握しておかなければならないのは、役員報酬には税法上のルールがあり、いったん決めると容易に変更ができないということです。これは役員報酬を意図的に増減できると会社の利益調整につながるなどの理由からで、法人税の計算上、厳密に決められています。

まずは、こうした税務上の役員報酬のルールについて簡単に紹介しましょう。

(i) 定期同額給与

役員報酬は株主総会（または取締役会（取締役会がなければ代表取締役など））の決議事項であり、期の始まりから3ヶ月以内に開催する株主総会（または取締役会）で、役員報酬の額を決議し、その後は毎月一定の金額を払い続けます（図表22）。これを「定期同額給与」といいます。このように、定期同額給与は原則として年度を通じて一定とされていますが、以下のような「臨時改定事由」や「業績悪化事由」に該当する場合に限り、年度の途中で役員報酬を改定することが可能です。

図表22　定期同額給与のしくみ

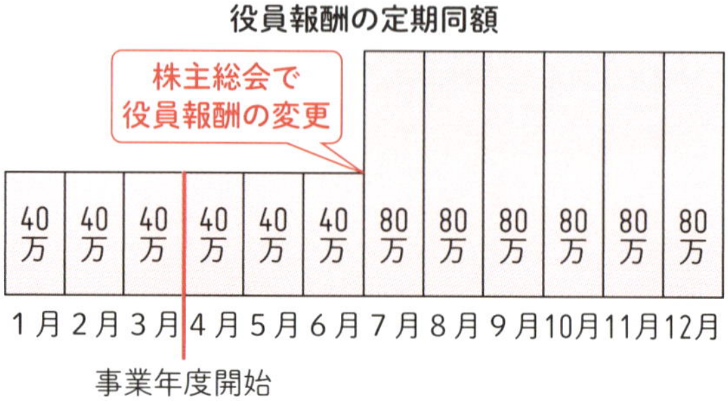

役員報酬の定期同額

株主総会で
役員報酬の変更

40万	40万	40万	40万	40万	40万	80万	80万	80万	80万	80万	80万
1月	2月	3月	4月	5月	6月	7月	8月	9月	10月	11月	12月

事業年度開始

> **臨時改定事由**
> 役員の職制上の地位の変更（社長が任期途中で退任して副社長に就任するなど）や役員の職務の重大な変更（組織再編成があったケース）、会社の不祥事により役員給与を一定期間減額するケースなどが生じた場合
>
> **業績悪化事由**
> 会社の経営状況が著しく悪化することや、財務諸表の数値が相当程度悪化すること、倒産の危機に瀕することなどが生じた場合

(ii) 事前確定届出給与

役員報酬のもう一つの形として、「事前確定届出給与」というものもあります。

これは、「役員にも賞与を出したい」「資金繰りが厳しめになる予測の時期は役員報酬を下げておきたい」といったニーズがある会社のために設けられた制度です。

事前確定届出給与の場合、賞与の金額、賞与を支給する日を株主総会（または取締役会）で決めてあらかじめ税務署に届け出ておく（届出期限は決めた日（株主総会または取締役会）の1ヶ月後、なおかつ期が始まって4ヶ月以内）ことが必要です。

2 役員報酬をいくらにするか実務的な決め方

このように、役員報酬の税務上のルールには「定期同額給与」「事前確定届出給与」などがあります。起業したばかりの経営者にとって、売上がいくらになるかも見えない中で役員報酬をどう設定すべきかは非常に難しい問題であり、その金額の設定ミスによる失敗も少なくありません。

では、どのように設定すればよいのでしょうか。考え方を見ていきましょう。

(i) 事業計画書との関係

融資の申請などで事業計画書を作成するのであれば、役員報酬をいくらに設定すれば事業として回るのかの大まかな予想を立てることができます。「役員報酬を決めるまでに事業計画書を作成する」、これが基本的な姿勢だといえるでしょう。

PART 5　人事・労務　151

(ii) 家族・生活費との関係

あまりにも低い役員報酬を設定すると、これまでの生活水準を維持できなくなる可能性があります。住宅ローンや子どもの学費など、家族が暮らしていくにはお金がかかります。起業前は大企業に勤めていたという人は特に注意が必要です。奥様（旦那様）から「最低限これくらいは家に入れて」という要求がある可能性もあります。ある程度の生活水準を維持する金額を検討しつつも、どう家族に説得するか、起業前からよく考えておきましょう。

(iii) 創業融資との関係

最初のうちは貯金で暮らしていくことを前提として、役員報酬額は「なし」か、あるいは「月数万円」とするという考え方もあるかと思います。もちろん、それでも法的には問題ありませんが、創業融資を考えている場合には注意が必要です。金融機関目線で見ると、役員報酬をとっていないということは、生活費すら捻出できない事業ということになります。そんな社長が返済にお金を廻せるのか――こうした疑問や不安が審査に悪影響を及ぼしかねません。

(iv) 所得税

あまりにも高い役員報酬を設定すれば、所得税や住民税の負担額も大きくなります。所得税は累進課税であることを意識しましょう（図表23）。

図表23　所得税の税率（累進課税）

(v) 社会保険料

社会保険料（健康保険料、厚生年金保険料）については、基本的には役員報酬額に比例することになります。あまり高い役員報酬を設定すると毎月の社会保険料の負担も大きいものとなります。

このように、役員報酬額は、社会保険料にも所得税にも会社の利益や法人税等にも影響があります。

(vi) 将来の増資を見据えて

会社が大きくなり、増資をしようと考えたとき、社長個人の財産から株式の購入資金を捻出する必要があります。特に、エンジェルやベンチャーキャピタルなど、第三者が出資することを見据えるなら、社長個人の財産も増やすべく、ある程度の役員報酬を確保し、貯金しておきたいところです。

(vii) 将来の家の購入やカード作成を見据えて

近い将来、家やマンションを購入する予定がある場合、住宅ローンの審査では、個人の年収も重要な審査要素になります。新たにクレジットカードを作成する際も同様です。

(viii) 資金繰りへの影響

あまりにも高い金額の役員報酬を設定してしまえば、資金繰りにも影響を与えかねません。

3 慎重に決めよう

このように、役員報酬の設定は、さまざまな方面に重要な影響を与えます。そう簡単に変更できるものではないので、慎重に決めましょう。税理士など専門家に相談することで、事業計画に問題がないかを検証することも、社会保険料、所得税等のシミュレーションを行うことも可能です。そのうえでじっくりと決定していきましょう。

―― 失 敗 パ タ ー ン ――

・高額の役員報酬を設定して、社会保険料、所得税も含め、あとで資金繰りに困る
・役員報酬を設定できる期間が過ぎてしまい、1期目は無報酬で過ごす
・あまりにも低い役員報酬を設定して、家を買うときに住宅ローンが通らない

役員報酬決定における留意点

☑	役員報酬の設定の際は、事業計画書を書いてシミュレーションする
☑	累進課税制度によりあまり多すぎると所得税が高額になる
☑	生活費や住宅ローンなど家族への影響をよく考慮する
☑	役員報酬の約14％に社会保険料がかかる
☑	将来の増資も考えて、ある程度役員報酬をとって貯めておく
☑	住宅ローンを組むとき、カードを作るときなど年収が関係する
☑	社会保険料の減額は最低5ヶ月かかる
☑	資金計画をしっかりと把握し、適切な金額の給与・報酬を決定する
☑	役員報酬の額は創業融資の審査にも影響を及ぼす
☑	役員報酬は損益だけでなく、資金繰りにも影響する
☑	役員報酬の設定の際には、事前に税理士に相談する

02

共同経営は空中分解に注意
——どちらが大将か

「Aさんはシステム開発が得意でBさんは営業が得意。お互いを認めあう友人である2人で事業を始めれば大成功間違いなしだと、300万円ずつ出し合って会社を設立することになりました」——こんな構想での相談がよくあります。

　物理的、法律的には、もちろん可能です。例えば株式会社を作るとして、Aさんが代表取締役、Bさんが取締役というのが一般的でしょう。2人とも代表取締役ということも不可能ではありません。

　ただし、ここで理解しておかなければならないのは、「いくら仲の良い友人同士であっても、お金が絡めばわからない」ということです。残念ながら、こうしたケースでの空中分解はかなりの確率で起こってしまうものなのです。

　では、そうならないためのポイントは何でしょうか。

　何より大事なことは、どちらが「主」で、どちらが「従」かを決めておくことです。

　例えば、ある事業を始めたいという構想が持ち上がったとき、Aさんは「やるべきだ！」と強行に主張し、Bさんは「絶対にやめるべきだ！」と強行に主張したとします。折り合いがつかぬまま時が過ぎ、この事業の話は結局、実現しませんでした。

　こんなことが1度でもあれば、既存の事業も含め、お互いの調和や信頼関係が崩れ始めてしまいます。やがてどちらかが耐えきれず退任する——よくあるパターンです。

　こうしたことを予防する意味でお勧めするのは、出資比率にある程度差をつけておくことです。「5：5」ではなく「6：4」、できれば「7：3」「8：2」などが理想です。

「友達5人で100万円ずつ出し合って、会社を設立しました。5人のうちのCさんが代表取締役、他の4人は取締役になりました」というケースを考えてみてください。一見仲が良さそうですが、後で問題になりやすいのです。まず、100万円ずつ出資して議決権（＝発言権）が同じだとしても、5人で一緒に仕事を

PART 5　人事・労務　　155

していれば、やがて会社への貢献度にも差が出てきてしまいます。始めは役員報酬で差をつけることで納得できたとしても、やがて、その役員報酬ですら会社にとっては重荷で、不満の原因となることもあります。

さらに、このケースで問題になりうるのが、万が一倒産した場合に、誰が責任をとるかです。投じたお金が同じにもかかわらず、他の取締役に比べ、代表取締役は事業に対する責任は重くなってしまいます。

また、誰かが先に会社を辞めるときの株の評価額でも問題が発生しやすくなります。通常、誰かが先に退任した場合、他の誰かがその株を買い取り、その買い取り価額はその時点の時価となりますが、貢献度が低いにも関わらず出資比率だけは高い人物が退任するケースでは、そうすんなりとは行きません。貢献度が高い人物を中心に頑張ったことで時価が上がったにもかかわらず、貢献度が低い人物から高い時価で買い取ることになってしまいます。

やはり、議決権や役職には差をつけて、誰が大将なのか、役割や貢献度も含めて、よく考えて決めておくことが重要です。

--- 失 敗 パ タ ー ン ---

- ・共同経営の役員同士で経営をめぐる意見の対立に発展し、空中分解する
- ・空中分解したあと、株の買取金額をめぐって法的な争いに発展する

共同経営での留意点

☑	どちらが「主」で、どちらが「従」か、出資割合や役職に差をつけたか
☑	それぞれの貢献について、どのように報いられるか話し合ったか
☑	万が一会社を離れるときの株の買取金額について話し合い、記録を残したか

03

どんな採用ルートで、どんな人を、どんな待遇で採用するか

　会社を経営していくうえで必ず壁にぶつかるのが、人事労務の問題です。人事労務がうまく行くかどうかが会社の命運を左右すると言っても過言ではありません。働きがいのある環境の中で従業員が力を最大限に発揮できるか——それが会社の業績に直結するからです。

　創業期の人事労務で一番難しいのは、起業して最初の従業員を「いつ」「どんな風に」「どんな待遇で」雇用するかです。今までの起業支援経験からすると、どうしても最初から従業員やアルバイトが必要な業種以外は、最初の数ヶ月は役員だけで回していったほうがよいでしょう。安定した売上が確保できていない間に従業員の給料を支払うことは、かなり大きな負担となるからです。

　いったん従業員を雇用したら、さまざまな責任が発生します。労働基準法などの法律によって労働者として守られているため、業績が悪くなったからといって簡単に解雇することはできません。従業員を雇用するということは、家族も含めて従業員の生活にも責任を持つことになることを忘れてはなりません。事業計画や景気動向も考慮し、慎重な採用計画を立てましょう。

　従業員採用を決意したら、役職、給与体系、休日、勤務時間などの待遇条件を決める必要があります。基本給のほかにどのような手当をどんな基準で支給するのか、賞与、退職金などはどうするかなど、長期的視野で賃金体系を検討します。働き方改革や人手不足の風潮に合わせるべく労働時間や残業時間を少なくすることも、採用しやすさや定着率に好影響をもたらします。業務の効率化も含め、工夫を凝らしましょう。

　一方で、優秀な人を採用したいからといって、最初から基本給を高めに設定してしまうと、給与が固定費化し、重い人件費負担が経営に重くのしかかるという失敗パターンが存在します。まずは能力、勤務態度、業績などにより、賞与やインセンティブ給で報いるという給与体系にすることがお勧めです。

　雇用にあたっては、社会保険料（健康保険料、厚生年金保険料）、雇用保険料、労災保険料、定期代などの通勤交通費、備品（机、イス、パソコンなど）、福利厚生

PART 5　人事・労務　　157

費など、給料以外にも少なくとも2割から5割のコストがかかることを認識しておきましょう。これらを考慮せずに賃金を決め、後になってから大きな負担に気づくという失敗もありがちです。ご注意ください。

　採用方法には、知り合いを当たる、ハローワークで求人をする、ネットなどの求人媒体に掲載する、人材紹介会社に依頼するなどの方法があります。それぞれのメリット、デメリットなどを確認していきましょう。

1 知り合いを当たる

　起業・独立後の最初の従業員を採用する際、多いのが知り合いを当たるパターンです。特に以前の職場で一緒だった同僚、後輩、部下などは経験や能力も把握していますし、気心知れているので安心感があり、採用募集費用もかかりません。ただ、前の会社に在籍中の人を勧誘するのは要注意です。「引き抜き」と誤解されないような気遣いが必要なのは言うまでもなく、法的なリスクについても検討し、それを回避するように進めなければなりません。

2 リファラル採用

　友人や元の仕事仲間、SNSなどを通じて採用情報を広め、候補者を紹介・推薦をしてもらい、採用選考を行う方法です。最近、ベンチャーで浸透しつつある採用方法で、SNS上でもよく見かけるのではないでしょうか。

3 ハローワークで求人をする

　ハローワークでの求人のメリットは、何よりも「無料で採用募集ができること」です。ただし、応募者がすでに退職していて求職活動をしている人などに限定されるため、求人範囲が狭いことがデメリットとして挙げられます。

4 ネットなどの求人媒体を利用する

　ネットなどの求人媒体を利用するメリットは、会社に在籍しながら転職活動をしている人も含め、幅広い層の応募が期待できるということです。デメリットとしては、ある程度のコストがかかることと、採用面接の受付、書類選考、採用面接、採用不採用の通知など、時間と労力がかかることです。

採用媒体での正社員募集には通常は50万円ほどかかりますが、最近では無料で掲載できる媒体も増えてきましたので、うまく活用しましょう。

5 人材紹介会社に依頼する

人材紹介会社に依頼するメリットは、こちらの要望に添った人材をピンポイントで紹介してもらえるうえ、採用面接以外の採用手続（採用面接の受付、書類選考、採用不採用の通知など）を外注できることです。このため、時間的にも労力的にも楽になります。デメリットとしては、入社時に人材紹介会社に対する成功報酬として年収の25〜35％程度の紹介手数料を支払わなければならないことです。起業当初はなかなかコスト的に合わないかもしれませんが、成長期に入ったら利用する手もあります。

── 失 敗 パ タ ー ン ──

最初から給料が高い人を多数採用してしまう

採用ルートを検証してみよう

	採用方法	検討事項
☑	知り合いを当たる	・どんな知り合い？（ 　　　　　　　　　　　） ・問題点はないか？（ 　　　　　　　　　　　）
☑	リファラル採用	どこに情報を流すか（ 　　　　　　　　　　　）
☑	ハローワークで求人	・ハローワークと求人媒体、どちらの媒体から来る人材が適しているか （ハローワーク 　 or 　 求人媒体）
☑	ネットの求人媒体など	・どの媒体？（ 　　　　　　　　　　　） ・掲載費用は？（ 　　　）週間で、（ 　　　）万円 ・コストを負担できるか？（ 　可 　　否 　）
☑	人材紹介会社	・費用は？（ 　　　　　　　　　　　） ※年収の25〜35％が多い ・コストを負担できるか？（ 　可 　　否 　）

04

採用の基準
どんな人を採用したいのか　人材・人財

　次に、起業・独立後の従業員採用ではどんな人物を採用すればよいかを検証していきましょう。
　図表24を見てください。スキル・経験と人間性（やる気、意欲、根気など）、二つの面から人材を分けた場合、4つのゾーンに分けることができます。当然、通常の選球眼を持っていれば、スキル・経験もなくて人間性もよくないAのゾーンの人は採用しません。逆にスキルがあって人間性もよいDのゾーンの人材が会社として一番採用したい人物なはずです。ただ、起業・独立したばかりで給料も比較的安く、経営も不安定なベンチャー企業がDのゾーンの人材を採用するのは非常に難しい可能性があります（もちろん、採用できるようであれば、積極的に採用したいのですが）。

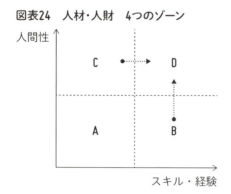

図表24　人材・人財　4つのゾーン

　そこで、起業したばかりの段階では、BかCのゾーンの人材を何とか採用していかなければならないというケースが多くなってきます。
　失敗しがちなのは、スキル・経験があっても、人間性が良くないBのゾーンの人材を採用するケースです。資格、経歴や過去の華々しい実績に目がくらんで、このゾーンの人材を採用してしまうと、後で痛い目に遭う確率も高くなり

ます。入社後のトラブルなどで相談を受けることが多いのは、大抵Bのゾーンの社員についてです。

　Cのゾーンは、現状でスキル・経験はさほどなくても、人間性がよい人材、やる気のある人材です。Bの人材がDになる確率より、Cの人材が入社後に教育を受け経験を積む中でメキメキと力をつけ、Dになる確率の方が高いのはいうまでもありません。これから会社が発展していく過程で必要な人材となるはずです。ここのゾーンの人を見極めて採用することが重要です。

　採用面接は短い時間ではありますが、じっくりと話をきいて、こういった人間性ややる気、伸びしろなどをしっかりと見極めましょう。

　特に最初に採用する時期の「将来のNo.2」がとても大事です。資力に乏しい起業当初の時期は、そう何人も社員を雇えないはずです。忙しいからといってやみくもに雇用するのではなく、慎重に選抜しましょう。1人目でいい人を採用し育てることができれば、2人目以降の社員が入ってきたときが楽です。社員同士で勝手に教え、育てるという流れを作っていきましょう。

　最初は経営も属人的となります。人数が少ない分、1人の能力が経営に与える影響は絶大なものとなります。1人目、2人目までは全力で良い人材を確保しましょう。人数が増えてきたら、だんだんとマニュアル化、組織化していけばよいのです。

失敗パターン

・問題社員を採用してしまい、トラブルへの対応で足を引っぱられる
・給料に見合う働きをしない人を採用して他の社員や経営の負担となる

どんな人物像を採用したいのか　書き出してみよう

-
-
-
-
-
-
-

05

増員のタイミング

1 起業当初の失敗で多いのは過大な人件費負担

　人に関する失敗で多いのは、起業当初から必要以上に雇用してしまい、損益や資金繰りが悪化するパターンです。これは、しっかりと事業計画書を書いて人員計画を立て、さらに売上見込みを厳しめに予想することで防ぐことができます。

　人員計画を練るうえで、まずは「どのタイミングで何人を雇用するか」を検討します。考える要素は、起業後にどのくらいのペースで売上が増加し、どの時点でどのくらいの人件費を捻出できるかという負担能力と、仕事を遂行する上で必要な戦力はどのくらいかの2つです。例えば、飲食業など、最初からある程度の人員が必要となる業種では、当初からある程度の人員採用を計画するケースが多いでしょう。一方、当初から多くの人員を必要としない業種では、最初は役員や外注だけで仕事を廻し、売上が順調に上がり経営が安定するタイミングで初めて採用するイメージとなります。

「店舗を増やす」「会社を拡大する」といった拡大志向で進むのか、事業主や役員などの少数精鋭で運営していきたいのかなど、目指している経営スタイルによっても差が出ます。じっくりと総合的に判断していきましょう。

2 労務管理コストも意識しておく

　人を雇用すれば、労働基準監督署、ハローワーク、年金事務所への届出、入社手続、出退勤管理や有給休暇管理、毎月の給与計算など、労務管理の業務が発生します。また、労働条件通知書や就業規則など、労務トラブルを起こさないための法的環境の整備も必要です。これらを自社で行うか、社会保険労務士に委任するかも検討し、コストとして把握しておく必要があります。

3 間接部門の人員は10％以下

　大企業出身の起業家に多いのが、最初から間接部門人員を雇用するイメージでいるパターンです。ただ、こうした間接業務は外注として外に出してしまったほうが安くあがることも少なくありません。経験則でいうならば、だいたい社員10名くらいまでは、こうした間接部門専門の社員を内部に雇用する必要はないと考えます。それまでは、税理士や社会保険労務士に顧問を依頼する際、記帳代行や給与計算代行、社会保険などの手続代行も追加で依頼するほうが安くて確実な仕事が見込めます。

4 費用対効果が高い人物を採用しよう

　可能な限り外注できるものは外注し、その下準備は役員クラスがこなすことでコストを削りましょう。例えば、記帳代行を税理士に依頼するならば、領収書の保管や整理、郵送などの事務は経営者自身がプラスアルファの労力をかけたとしても十分に対応できると思います。

　従業員を採用するならば、まずは間接部門専業ではなく、その人自身がお金を生み出す職種に限定することをお勧めします。

5 助成金・補助金の可能性を探る

　さらに知っておくべきは、助成金・補助金をうまく活用すれば、人件費負担を減らすことも可能だという点です。上記のように、スタートアップ段階の会社にとって人材の雇用はとても大きな負担となります。また、大企業のように優秀な社員を雇用するのは難しく、経営の安定化を図りつつ社内の体制を整えるまでには多くの時間を要します。このようなことから、国や自治体が助成金・補助金を用意し、政策的にバックアップすることがあります。過去には受給資格者創業支援助成金、中小企業基盤人材確保助成金、創業補助金などの助成金・補助金がありました。せっかくこうした制度があるとしても、知らなければ申請できません。雇用する前に専門家などから情報収集をしておきましょう。

6 社会保険労務士に相談しておく

　起業して初めて会社を経営する人の中には、人を雇用することを少し簡単に考えている場合もあります。相手は生身の人間。あなたの会社に人生を委ねているかもしれません。法律上のルールを守り、高いモチベーションを保ちながら働きやすい環境を提供するのが経営者の役目です。それが結果的に会社の発展につながっていくのです。こうした点も踏まえ、人員計画を立てる過程で、制度や法律的なことの確認も兼ねて、一度、社会保険労務士に相談しておくことをお勧めします。

失敗パターン

起業当初から大量に人材を雇用し、
人件費負担で資金繰りが悪化する

事業スケジュールの中で人員計画を立ててみよう

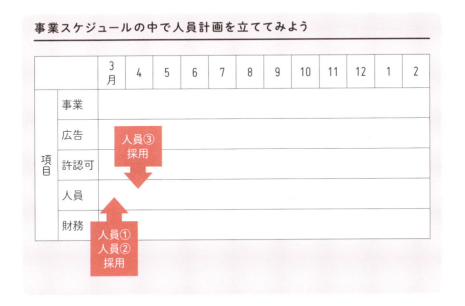

欲しい人材をイメージしてみよう

人員①

役割・雇用形態・待遇条件・雇用時期	店長候補 社員　月給30万円　3月中旬
募集の方法	ハローワーク
補助金・助成金の可能性	●●助成金、●●補助金

人員②

役割・雇用形態・待遇条件・雇用時期	キッチン 社員　月給20万円　3月中旬
募集の方法	縁故（●●氏）
補助金・助成金の可能性	●●助成金

人員③

人員体制・募集時期・雇用形態・待遇条件	ホール　アルバイト 時給　1100円（週5日間、1日8時間）4月上旬
募集の方法	アルバイト情報誌A
補助金・助成金の可能性	なし

外注の活用

　創業期、誰かに事業への協力を依頼する場合、「どんな立場で協力してもらうか」という選択の必要に迫られます。まずは最低限、役員と従業員、従業員と外注メンバーの違いを正しく知っておきましょう。

1 役員と従業員の違い

　まず、「従業員」と「役員」は、一緒に会社で働くという意味では違いがないように感じますが、法律上、両者には大きな違いがあります。この違いを再確認してみましょう（図表25）。
　「従業員」はあくまで会社に雇われている立場です。上司の指揮命令にしたがって業務をする立場にあり、立場的には会社よりも弱いため、労働基準法、最低賃金法などで守られています。また、労災保険、雇用保険などの手厚い保障もあります。
　一方、「役員」は会社の持ち主である株主から会社の経営を任されている（委任されている）立場であり、経営の方向性を決めることができますが、経営者としての大きな責任があり、また労働者のような手厚い保障があるわけではありません。業績が悪化すれば、無報酬で我慢するということもありえます。
　さらには税務上の違いもあります。従業員に支払う給与や賞与に関しては、利益の増減などにより給与や賞与の金額が増減しても、残業代がついても、金額の多い少ないにかかわらず、全額損金となります。
　ところが、役員報酬については、前述のように税務上、定期同額給与などのルールがあるため、それに沿った支払い方をしなければ損金算入することができません。
　このように、従業員と役員には、法律上も税務上も大きな差があります。そのうえで、どのような立場で関わっていくか、ご本人と十分に話し合う必要があります。
　ポイントは「創業メンバーとして、どのポジションで会社を作っていきたい

か」です。それは責任や待遇、覚悟と情熱、すべてが関わるといえます。

図表25　役員と従業員の違い

	従業員	役員
身分保障	雇用契約。解雇には合理的な理由が必要	委任契約
労働基準法	適用あり	適用なし
最低賃金	適用あり	適用なし
登記	不要	必要
労災保険	あり	基本的になし（特別加入可）
雇用保険	あり	なし
任期	期間の定めなしまたは有期契約	原則2年（10年まで延長可）
経費性	全額損金になる。変動しても構わない	株主総会、取締役会等の決定の範囲内で損金になる。税務上、定期同額の必要あり
賞与	全額損金（税務上の経費）になる	損金にならない
会社の違法行為	自分が関与していなければ責任はない	会社を監督する責任あり。株主代表訴訟により訴えられる可能性あり
倒産した場合	給与などを他の債権者に優先して受け取ることができる	報酬支払いに対する先取特権なし

2　従業員と外注メンバーの違い

　外注メンバーとして外から参加してもらうという選択肢もあります。外注メンバーを採用する背景には、売上が不安定な創業当初から固定的な人件費コストを抱えるリスクを避けたい、あるいはすでに他の会社で役員や従業員として勤務している人に副業的に関与してほしいなどといった事情があることが多いかと思います。

　ここで、社員と外注のメリット・デメリットを押さえておきましょう（図表26）。

　社員には、社会保険料、給与計算、労務管理などの人件費分のコストはかかりますが、「会社に帰属する人間」としての行動を期待できます。今後、会社を支えていく中核メンバーとして育てていくことも可能です。

　一方、外注の場合は、固定的な人件費コストがかからなかったり、社会保険

料などの負担がない反面、あくまでも外部の人間ですから、「会社の将来を担う人材に育てる」という道も期待薄といえます。また、本人側に経理や確定申告などの手間も生じます。このような点も考慮しましょう。

距離感、モチベーション、コストなどの点を踏まえつつ、最適な判断をするようにしてください。

図表26　社員と外注の違い

	社員	外注
メリット	・会社への帰属意識を持ち行動する ・社内のスタッフとして、指示命令系統が明確になる ・会社の今後を支えていくようなコアメンバーに育てることができる	・社会保険料などの負担が発生しない ・固定的なコストが発生しない。 ・価格交渉ができる ・請負契約に該当するため、ミスがあれば、外注先が責任を持つ ・消費税の課税対象経費として支払える
デメリット	・社会保険料、労災保険料、雇用保険料の負担が発生する ・給与計算、社会保険手続など労務管理の手間やコストが発生する ・給与の減額、人員削減などをしにくい ・労働基準法の制約を受ける	・あくまでも社外の人であり関係が希薄になりがち。 ・指揮命令系統はない ・本人に、個人事業主として請求書を発行したり、経理・確定申告をするなどの手間が発生する

なお、外注として協力してもらう場合、税務上あるいは社会保険上、社員との違いを明確にしておくことが必要です。外注に関する契約書をしっかりと作成したうえで、仕事を外注する実態があり、下記のような基準を満たしていなければなりません。「偽装的に外注として取り扱う」ことは禁止されています。

税務上、外注かどうかの判断基準はおおよそ以下のとおりです。

○ 当社以外の顧客があるか

○ 当社以外からの受注を受けることができるか

○ 仕事を行う手順、方法などの判断は本人が行うか

○ 時間管理はせず、仕事の時間はまったくの自由か

PART 5　人事・労務　　169

○ 請求書等の作成がされているか

○ 報酬が経費分も含めて一括で請求されているか

○ 仕事で使う道具等を自分で用意しているか

「外注」か「社員」かの判断は総合的に判断されますが、要件を満たさない項目が多ければ多いほど、実態としては「社員」だと判断される可能性が高くなります。特に、社員と外注の人が同じ事務所で仕事をしている場合には、両者の違いがより明確になっている必要があるでしょう。

───── 失 敗 パ タ ー ン ─────

**外注メンバーとしてリソースを活用するという発想がなく、
人件費がかさむ**

それぞれどんな立場で参画してもらうか検討してみよう

氏名	役割（担当）	立場
例）山田太郎氏	デザイナー	外注メンバー

PART

06

会 計 ・ 税 務

01

財務諸表は必ず読み解けるレベルにしておく① 損益計算書

　経営者になったら、必ずマスターすべきことの1つが、財務諸表を読み解けるようにすることです。財務諸表は、過去から現在までを映す鏡です。これを正しく読み解くことができなければ、将来に向けての経営判断を誤ることになりかねません。

　最低限覚えておきたいのは、損益計算書と貸借対照表の読み解き方です。この際、一緒に勉強しましょう。

　まずは損益計算書についてご説明します。

　損益計算書は、簡単にいえば「会社がどれだけ儲かって、どれだけ損をしたのかを表す表」です。会社が稼いだ金額（＝収益）が材料費、人件費などの費用よりも多ければ「黒字」、逆に費用が多ければ「赤字」です。黒字か赤字かを判断するには、利益がいくらかを知る必要がありますが、一口に「利益」といっても会社がお金を稼ぐ方法はいろいろあります。本業で商品やサービスを売って得たお金のほかにも、銀行に預金して得る利息や、自社の建物の一部を他社に貸して得る家賃なども利益に含まれることになります。

　損益計算書では、これらの利益を本業との関連の度合いからいくつかの段階に分け、儲かった額や損をした額を表示しています。

　決算書を読む人に対して、会社が本業でどれだけ儲けているかということを知らせるため、会社がどれだけモノやサービスを売っているか（＝「売上高」）を一番上に表示します。

　その次に出てくるのが「売上原価」です。「売上原価」とは、仕入れた商品の代金、製造にかかったコストなど、売上のもとになる商品やサービスを作るのにかかった金額の合計です。売上高から売上原価を引いた金額が「売上総利益」です。

　売上総利益の次は、売上原価以外で本業にかかる費用が表示されます。この費用は「販売費及び一般管理費」（略して「販管費」）といい、営業部門や管理部門の人件費や交通費、打ち合わせ費用、オフィス家賃などが該当します。売上

原価と販管費を合計すれば、本業にかかる費用はすべて網羅したことになります。

　最後に、売上総利益から販管費を引いたものが、「営業利益（赤字の場合は営業損失）」として損益計算書上に表示されます。営業利益は、本業でどれだけ利益を生み出したかということを表しており、営業利益を出せたかは会社にとってとても重要なポイントとなります。

　本業以外の活動による収益や費用は、「営業外収益」または「営業外費用」として損益計算書に表示されます。営業外収益の代表例は預金利息ですが、本業以外に株式やFXなどを保有している会社の場合は、それらの売却益や配当金も営業外収益となります。営業外費用の代表例は、金融機関などから資金を借りた場合の利息です。

　営業利益に営業外収益を足し、営業外費用を引いたものを「経常利益（赤字の場合は経常損失）」といいます。「経常利益」は、後述の当期純利益と区別して「通常の経営から得られる利益」と覚えておきましょう。

　会社は、工場火災で大規模な修理が必要になるなど、ときに予期しない事態に見舞われることがあります。こうした突発的な原因で発生した費用は、損益計算書の「経常利益」の下に、「特別損失」として計上されます。逆に、自社が持つ土地を売って得るなどした単発的な利益は、「特別利益」として表示されます。経常利益から特別利益を足し、特別損失を差し引いたものを「税引前当期純利益（赤字の場合は税引前当期純損失）」といいます。

　この「税引前当期純利益」から会社が納税すべき法人税などの金額を引いた金額を「税引後当期純利益」（＝「当期純利益、赤字の場合は税引後当期純損失」）といいます。当期純利益は、一時的、突発的な収益や費用を含めた、その期に会社が獲得した利益を表しています（以上、それぞれの関係は図表27参照）。

— 失敗パターン —

**損益計算書の読み取り方をマスターせず
この時点でいくら売上や利益が上がっているかを把握できない**

図表27 売上高から税引後当期純利益を算出するまで

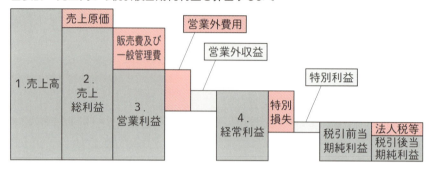

自社の決算書や試算表から数字を抜き出して損益計算書を書いてみよう

損益計算書
(自 ●●年 ●月 ●日 至 ●●年 ●月 ●日) 単位：円

科　　目	金　　額
売上高	(　　　　　)
売上原価	(　　　　　)
売上総利益	(　　　　　)
販売費及び一般管理費	(　　　　　)
営業利益	(　　　　　)
営業外収益	(　　　　　)
営業外費用	(　　　　　)
経常利益	(　　　　　)
特別利益	(　　　　　)
特別損失	(　　　　　)
税引前当期純利益	(　　　　　)
法人税、住民税及び事業税	(　　　　　)
当期純利益	(　　　　　)

02

財務諸表は必ず読み解けるレベルにしておく② 貸借対照表

貸借対照表を損益計算書と同様に表現するなら、「決算日時点での会社の資産や負債などの一覧表」です。

貸借対照表は、「資産の部」「負債の部」「純資産の部」という3つのブロックに分かれており、資産の部は左側、負債の部と純資産の部は右側に表示されます。そして、左側の金額の合計額と右側の金額の合計額は必ず一致します。そのため、貸借対照表は左右が釣り合う（バランスする）ということから、「バランスシート（B／S）」とも呼ばれます。

右の負債の部や純資産の部は、会社の資金をどのようにして調達したかを表示します。借入金などの負債は外部の金融機関などから借りてきたお金なので、いつか返さなければなりません。他人から借りたお金なので「他人資本」といいます。

一方、資本金などの「純資産」は、株主から投資を受けたお金や会社が稼いだ利益の金額で、いわば自分のお金です（＝「自己資本」）。会社の持ち主は株主ですから、株主が投資したお金（＝「資本金」）や、そのお金をもとに会社が稼いだ利益は株主のものである（帰属する）という考えを表したものです。

これらの他人資本と自己資本を利用して、どのように会社が資金を運用しているかを表すのが左側の「資産の部」です。現金や預金として持っているものもあれば、在庫商品、製造に使う機械などに形を変えたものもあります。このように、調達したお金を会社がどのように運用しているかが一目でわかるのが貸借対照表なのです。

貸借対照表を見るときは、「安全にお金を調達できているか」と、「調達したお金を使って利益を生み出すために、効率的に運用しているか」とが重要になります（以上、図表28を参照）。

図表28 貸借対照表の見方

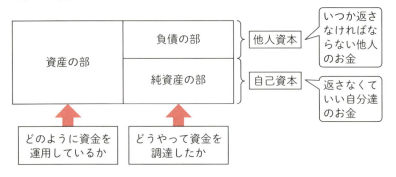

貸借対照表は、損益計算書に比べると難しく感じがちですが、

- 資金繰りそのもの（気づかずに運転資金がショートする可能性もある）
- 翌期以降の追加融資
- 許認可（有料職業紹介の免許更新など）
- 取引先からの信用

にも影響する重要な財務諸表です。必ず読み取り方をマスターしておきましょう。

― 失 敗 パ タ ー ン ―

賃貸対照表の読み取り方をマスターせず、
会社の財政状態を正確に把握していない

自社の決算書や試算表から数字を抜き出して貸借対照表を書いてみよう

貸 借 対 照 表

令和　　年　　月　　日現在　　（単位：円）

資産の部			負債の部		
科　　目	金　額		科　　目	金　額	
［流動資産］			［流動負債］		
現　　金			支 払 手 形		
預　　金			買 掛 金		
受 取 手 形			短期借入金		
売 掛 金			未 払 金		
商　　品			預 り 金		
短期貸付金			仮 受 金		
前 払 費 用					
未 収 入 金					
			［固定負債］		
［固定資産］			長期借入金		
（有形固定資産）					
建　　物					
建物附属設備			負 債 合 計		
車　　両					
工具器具備品					
減価償却累計額			資 本 の 部		
			［資 本 金］		
			［準 備 金］		
（無形固定資産）			資本準備金		
ソフトウェア					
			［剰 余 金］		
（投 資 等）			別途積立金		
出 資 金			当期未処分利益		
差入保証金			（うち当期利益）		
［繰延資産］					
創立費			資 本 合 計		
資 産 合 計			負債・資本合計		

03

最低限知っておきたい経営分析の知識

　決算書をさらに深く読み解くためには、経営分析の知識を身につけることが重要です。

　決算書を分析する方法は、大きく分けて4つあります（図表29も参照）。

1 数字をそのまま見る

　損益計算書から「営業利益が黒字だから本業では利益を出せている」といったことを読み取るように、まずは決算書の数字から大まかに会社の状況を捉える方法です。この方法で、会社のおおよその規模や状況をつかむことができます。

2 割合に注目する

　次は売上に対する利益の割合を見る方法です。例えば、10,000円の売上に対して利益が1,000円の会社と、9,000円の売上に対して利益が1,000円の会社であれば、後者の方が少ない売上でより大きな利益を生み出していることから儲ける力が強いといえます。

3 前期と比較する／ 4 他社と比較する

　2の方法で決算書を分析できれば、当期と前期の決算書を比較したり、他社の決算書と比較したりすることも可能です。他社の決算書と比較するときは、景気などの条件を同じくするために、同じ時期の決算書で比較するのがよいでしょう。指標に差があれば、どの項目で差が出ているのかということを調べていきます。

図表29　決算書分析の4つの方法

①	決算書の数字そのものから、会社の規模やおおよその状況を捉える
②	決算書の数字を利用して、いろいろな比率を計算して分析する
③	前期からどのように決算書の数字が推移したかを分析する 複数の期間の決算書から長期の傾向を見ることもできる
④	他社の決算書と指標を比較して分析する 同業であれば、大手企業と中小企業を比較することもできる

　具体的な経営分析上の指標は、主に「収益性分析」「安全性分析」「成長性分析」の3つに分類できます。それぞれ、代表的な指標をみていきましょう。

1　収益性分析

　収益性分析では、会社が本当に儲ける力を持っているかを見ます。

図表30　収益性分析における指標

売上高	5,000	
売上原価	（−）3,500	
売上総利益	1,500	売上高総利益率　30%
販売費および一般管理費	（−）800	売上高販管費比率　16%
営業利益	700	売上高営業利益率　14%
営業外収益	50	
営業外費用	（−）250	
経常利益	500	売上高経常利益率　10%
特別利益	400	
特別損失	（−）350	
税引前当期純利益	550	売上高税引前当期純利益率　11%
法人税、住民税、事業税	（−）250	
当期純利益	300	売上高当期純利益率　6%

中でも、会社の本業での利益性を表す営業利益率が重要

　収益性分析の指標には、図表30に示すように以下のようなものがあります。

o 売上高総利益率　　　　売上総利益÷売上高

PART 6　会計・税務　　　179

- 売上高販管費比率　　　販管費÷売上高
- 売上高営業利益率　　　営業利益÷売上高
- 売上高経常利益率　　　経常利益÷売上高
- 売上高税引前当期利益率　税引前当期利益÷売上高
- 売上高当期純利益率　　当期純利益÷売上高

　本業の収益性を示す営業利益率は「営業利益率＝営業利益÷売上高」で求められますが、これは「売上総利益÷売上高（売上高総利益率）－販管費÷売上高（売上高販管費比率）」と同じ結果となります。

　つまり、営業利益率を高めるには、「売上高総利益率を高める」か「売上高販管費比率を下げる」必要があります。具体的には、前者であれば販売単価を上げるか仕入単価を下げるなど、後者であれば販管費を節約するといった方策を検討することになります。

2 安全性分析

　安全性分析では、会社に倒産の危険性がないかを見ます。
　図表31に示すように、負債も資産と同様に、主に1年以内に支払うかどうかという基準で、「流動負債」と「固定負債」に区分されます。

図表31　流動資産（負債）、固定資産（負債）

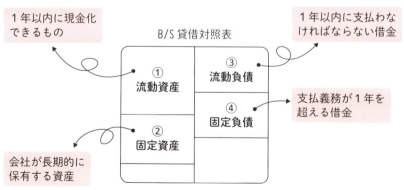

安全性分析の指標には、以下のようなものがあります。

○ 流動比率＝流動資産÷流動負債
○ 当座比率＝当座資産÷流動負債
　※当座資産：流動資産のうち、現金預金、売掛金、有価証券、受取手形といっ
　　た換金性の高い資産の合計
○ 固定比率＝固定資産÷自己資本
○ 固定長期適合率＝固定資産÷（自己資本＋固定負債）

　流動比率・当座比率はどちらも高いほど安全性が高く、一般的には流動比率
が200％以上、当座比率が100％以上であることが安全性の一つの目安となる
とされています。
　一方で、固定比率と固定長期適合率は、どちらも低いほど自己資本など長期
の資金で固定資産の取得を賄えているということから、安全性が高いとされて
います。一般的に、固定比率は100％以内が安全性の目安とされていますが、
これを上回ってしまっている場合には、固定長期適合率100％以内が最低限の
安全性を示す数字とされています。

3 成長性分析

　成長性分析では、決算書の変化のパターン（図表32）から、これまで会社が成
長してきているか、そしてこれからも成長していくことができるかを見ます。

図表32　決算書の変化のパターン

増収増益	売上高も利益も伸びている
増収減益	売上高は伸びたが、利益は減っている
減収増益	売上高は減ったが、利益は伸びている
減収減益	売上高も利益も減っている

　まずは、自社の決算書の変化がどのパターンに当てはまるかをみて、徐々に
原因を絞り込んでいきますが、どの「利益」に着目するかについては、以下の

ように何の成長性を見たいかによって異なります。

- 本業での成長性を見る場合：営業利益
- 会社全体としての成長性を見る場合：経常利益
- 投資家目線で見る場合：当期純利益

自社の経営分析をしてみよう

【収益性分析】
- 売上高総利益率

  売上総利益（　　　　　　円）÷売上高（　　　　円）＝（　　　　）％
- 売上高営業利益率

  営業利益（　　　　　円）÷売上高（　　　　　円）＝（　　　　）％
- 売上高経常利益率

  経常利益（　　　　　　円）÷売上高（　　　　　円）＝（　　　）％
- 売上高税引前当期利益率

  税引前当期利益（　　　　　円）÷売上高（　　　　　円）＝（　　　）％
- 売上高当期純利益率

  当期純利益（　　　円）÷売上高（　　　　　　円）＝（　　　）％
- 売上高販管費比率

  販管費（　　　　円）÷売上高（　　　　　円）＝（　　　）％

売上高営業利益率＝営業利益÷売上高
　　　　　　　　＝売上総利益÷売上高（売上高総利益率）－販管費÷売
　　　　　　　　　上高（売上高販管費比率）

⇒売上高営業利益率を高めるには、売上高総利益率を高め、売上高販管費
　比率を下げればよい。

売上高総利益率を高めるには

○販売単価を上げる…その方法は

（　　　　　　　　　　　　　　　　　　　）

○仕入単価を下げる…その方法は

（　　　　　　　　　　　　　　　　　　　）

売上高販管費比率を下げるには　…

販管費を節約する…その方法は？（どの部分を節約する？）

（　　　　　　　　）費を（　　　　　　　　　　　　　）の方法で節約する

【安全性分析】

○流動資産（　　　　　　円）÷流動負債（　　　　　円）＝流動比率

（　　　　）％

　　※高いほど安全性が高い（一般的には流動比率200％以上で安全圏）

○当座資産（　　　　　　円）÷流動負債（　　　　　円）＝当座比率

（　　　　）％

　　※当座資産：流動資産のうち、現金預金、売掛金、有価証券、受取手

　　　形など、換金性の高い資産の合計

　　※高いほど安全性が高い（一般的に当座比率100％以上で安全圏）

○固定資産（　　　　　　円）÷自己資本（　　　　　円）＝固定比率

（　　　　　）％

　　※低いほど自己資本で固定資産の取得を賄えている＝安全性が高い

　　　（一般的に固定比率100％以内が目安）

○固定資産（　　　　　　円）÷（自己資本（　　　円）＋

固定負債（　　　　　円））＝固定長期適合比率（　　　）％

　　※低いほど自己資本と長期借入金などで固定資産の取得を賄えている

　　　＝安全性が高い（一般的に、固定長期適合率100％以内は最低限達

　　　成したい）

PART 6　会 計・税 務　　183

【成長性分析】過去3年分の売上と営業利益でみてみよう

○ 決算書変化のパターン　どれにあたるか？（○をつける）

	増収増益	売上高も利益も伸びている
	増収減益	売上高は伸びたが、利益は減っている
	減収増益	売上高は減ったが、利益は伸びている
	減収減益	売上高も利益も減っている

○ その原因は何か

（　　　　　　　　　　　　　　　　　　　　　　　　　　　　　　　）

○ どうしたら改善できるか考えてみよう

（　　　　　　　　　　　　　　　　　　　　　　　　　　　　　　　）

―― 失 敗 パ タ ー ン ――

経営分析の知識がなく、なんとなく惰性で経営する

04

原 価 構 造 を 把 握 す る

　経営分析が経営全体を見渡したマクロの視点だとすれば、1つひとつの商品・サービスについて数字で分析するミクロの視点も大切です。例えば、1年間の売上高や売上原価の合計は、扱った1つひとつの商品・サービスの積み上げでしかありません。つまり、毎回の売上やその売上に紐づいた売上原価という数字の積み上げが1年間の経営成績に反映されていくということです。

　その意味で、ミクロの視点である原価構造の考え方は経営者にとって避けては通れないものです。これを機会に、原価構造の考え方も身につけておきましょう。

　読者のみなさんが行う事業は業種もさまざまですから、どのような原価がかかるかは業種によってまちまちでしょう。そこで、誰もがイメージしやすい飲食業の原価構造を例に説明しておきたいと思います。これを参考に、自社の行う事業の原価構造について考えてみてください。

　なお、「原価構造」の字面で難しく感じるかもしれませんが、それほど難しいものではありません。シンプルに理解しておけば大丈夫です。

　では、図表33を見てください。図表33は売上が1000円だとしたら、原価、人件費、固定費などが、いくらずつ含まれる状態になるのかの内訳を示しています。あくまで例ですから、当然ながら、これが1番よいというものではありません。それぞれの業態や事情、経営スタイルによって最適な配分は違ってくるということを押さえておいてください。

PART 6　会計・税務　　185

図表33　飲食店の原価構造（例）

売上 100% 1000円	材料費（F）	300円	30%	飲食業での原価は3割ほど
	人件費（L）	250円	25%	飲食業では25%前後
	家賃	100円	10%	飲食業では10〜15%前後
	水道光熱費	70円	7%	
	減価償却費	100円	10%	設備は減価償却していく
	消耗品費	30円	3%	
	事務経費	30円	3%	税理士報酬等。目安は2〜3%
	雑費	70円	7%	
	利益	50円	5%	

次に、項目ごとに詳細を見ていきましょう。

原価（材料費）

　飲食店では、標準的な原価は売上の約30%といわれますが、業態や経営方針、メニューによって大きく異なります。お好み焼きなどの「粉もの」であれば15%〜20%ということもあるし、味で勝負している焼肉店では50%を超えるということもありえます。当然ながら、他の業種であればさらにいろいろと異なってくるでしょう。価格の決定とクオリティの水準、両者の関係にも大いに関わってくる部分です。

人件費

　飲食店の人件費は売上の30%くらいが標準で、25%くらいを目指すとよいといわれます。人数や社員かアルバイトか、待遇条件などで人件費率は変わります。昨今の飲食店ではフロアのスタッフが少なめですが、その状態はお客様側から見て「サービスが悪い店」という評価につながらないか、スタッフ側も1人当たりの作業量が増え、不満を募らせることにならないかなど、コスト面だけではなく多方面からの深い検討が必要でしょう。助成金の活用も視野に入れましょう。

　なお、飲食店の場合、よく「FL比率」という言葉が出てきます。原価（FOOD COST）と人件費（LABOR COST）の合計が全体に占める割合が何%かという数字です。飲食店経営者や店長は、このFL比率が「60%を切るように努力しろ」といわれます。もちろん、業態や経営方針によるので、必ずしもそれがよいというわけではありません。

固定費

　どのような業種でも固定費は発生します。特に代表的な固定費は家賃と減価償却費ですが、売上との連動がないのであれば、なるべく削減したい項目の1つといえます。

　- 家賃

　　飲食店の場合は、固定費で一番金額が大きいのは店舗の家賃です。現

実的にはなかなか難しいのですが、一般的には売上の10%以下（高くても15%以下）を目指すとよいといわれています。業態や立地でも大きく違ってくる部分です。これから起業する場合、売上自体がまったく不透明な中、多額の家賃が発生する物件の契約を結ぶのは1つのリスクといえます。堅実な売上予想に基づき、比率にも注意した慎重な物件探しをお勧めします。なお、激狭な立ち食い店舗は「家賃が抑えられる」「スタッフ数が少なくて済む」「設備投資が少なくて済む」「客の回転率がよくなる」など、多くの恩恵が受けられます。狭い店舗や立ち食いスタイルでの開業が増加している理由の1つがこの点にあります。

- 減価償却費（設備投資資金）

　　内装工事費、排煙工事費、厨房機器などの設備投資資金は、開店したその年にすべて経費にできるわけではありません。税務的に耐用年数というものが定められており、それに基づいて少しずつ償却されていきます（例えば、電気冷蔵庫の耐用年数は6年とされており、6年間で少しずつ経費にしていきます）。支出に基づいて受ける恩恵がその年だけではなく、複数年にわたって受けるからです。

　　この設備投資は高額になることが多いため、経営への影響は大きくなります。内装工事にどれだけお金をかけたのか、居抜きかどうかなどにより減価償却費の額はかなりの差があります。「ずっと自分の店を持ちたくてようやく開業できた」という人ほど、豪華な内装や看板、厨房機器などに目がくらんでしまうものです。内装業者の勧めを鵜呑みにせず、予算感を維持しつつ冷静に判断してください。他の業者から相見積もりを取り、比較することも忘れてはいけません。

その他経費

　店舗運営に掛かるその他の経費もみておく必要があります。主なものとして以下があります。

- 水道光熱費

　　飲食店での目安は売上の約5～8%といわれていますが、他業種ではもっと少なくなります。

- 消耗品費

　　開店当初はいろいろなものを揃えるために多くなり、落ち着けば少なくなります。飲食店の例では、10万円未満のレジや電話機、食器類などが挙げられます。

- 広告宣伝費

　　飲食店での目安は売上の3～5%程度とされています。広告宣伝費のかけすぎはもってのほかですが、1円もかけないのも考えものです。事業計画書の時点で広告宣伝の方法をじっくりと検討し、結論を出しておきましょう。

　　大事なのは、支出1万円当たりのリターンです。100万円のデジタルサイネージを導入したとして、それを見て何人が来店するでしょうか。本当に元を取れるでしょうか。ホームページなどに最初からお金をかけ過ぎることも同様です。業者の勧めに飛びつくことのない、慎重な判断が求められます。補助金も活用しましょう。

- 事務コスト

　　飲食店での目安は売上の2～3％程度とされています。具体的には、専門家への報酬、アウトソーシング費用が該当します。一見、無駄な支出に見えますが、税務会計、人事労務など、法律で求められる最低限のことすらしないのは企業として大きなリスクを抱えることになります。コストダウンしつつも、最低限のことはクリアしておきましょう。「コスト」と考えず、よい専門家のアドバイスを活かして「どう元を取るか」という感覚が重要です。

利益

　　飲食店の場合、利益は10％以上を目指したいところです。ある程度の利益を出しておかないと金融機関からの新規借入れが難しくなってしまいます。飲食店の場合で2号店の出店を目指しているのであれば、どの時期にどれだけの利益をいくら出しておくべきかという視点を最初から持っておきましょう。節税しすぎも考えものです。

◆原価構造と値付けの重要性

　　値付けや見積もりがうまくいくかどうかは、売上の生命線ともいえます。そのためには、コストを抑えつつ価格競争力を高め、同時にクオリティを高める必要があります。それには、不断の改善努力が必要です。

　今の成熟した経済の中では、何も考えずに普通に経営していてもやっていけません。各費目で平均的なお金のかけ方をすればよいとは限らないのです。かけるべきところは他社よりもかけ、削るべきところは他社よりも思い切って削る。起業前も起業後も、常に改善し努力し続けることが重要です。

失 敗 パ タ ー ン

自社の原価構造を理解しておらず、適切な水準の価格、
人件費、家賃などを把握しないまま経営して赤字に

自社の原価構造を把握しよう（飲食業以外の業種の場合、適宜、項目は書き換える）

売上 100% （　　　）円	材料費（F）	（　　　）円	（　　）%
	人件費（L）	（　　　）円	（　　）%
	家賃	（　　　）円	（　　）%
	水道光熱費	（　　　）円	（　　）%
	減価償却費	（　　　）円	（　　）%
	消耗品費	（　　　）円	（　　）%
	事務経費	（　　　）円	（　　）%
	雑費	（　　　）円	（　　）%
	利益	（　　　）円	（　　）%

05

経理は大事／決算書にもこだわること

1 経理体制の確立に命をかけるべし

　一般企業では、経理部員が当たり前のようにしてくれているのが経理です。他の部署の社員からは「1円のお金も生み出さない仕事」「誰でもできる事務仕事」と指摘される向きもあるようですが、実は、経理をはじめとする間接部門の人たちの話を聞くと、「自分たちが会社の根幹を担っている」と思っている人も少なくありません。私は営業のようなお金を直接生む仕事と経理や人事のような間接的に会社を支える仕事の両方を体験しているので、両者の感覚がよくわかります。

　あなたが経理部門に抱くイメージはどのようなものでしょうか。

　もし経理を「お金を生まないもの」「コストでしかない」「誰でもできる大したことのない仕事」と思っていたのであれば、いまここで考えを改める必要があります。経理の重要性を認識しないままの起業は死活問題となります。

　実際に、起業で失敗する人に多い傾向の1つが、数字を重要視しないことです。経営は「数字」という形で表れます。よくない数字は警告として改善を求められ、改善されればよい数字という結果で成果を確認することができるのです。それほど重要なことなのに、起業しても経理体制の確立をしないで突き進むケースが後を絶ちません。これでは失敗への道を駆け下りているようなものです。

2 経理をおろそかにすると経営にどんな影響を及ぼすか

　もし経理をおろそかにした場合、経営に以下のような影響が現れます。

(i) 業績の把握や素早い経営判断ができない

　会計作業をキッチリと済ませて試算表を読み解く、これは会社経営では基本の「キ」です。これができないとどうなるか。弊害として一番先に挙げたいの

が、経営判断の遅れです。

　毎月作成する試算表は、会社経営における健康診断の結果のようなものです。何がよくて、何が悪いのか、どのように改善していけばいいのかを素早く判断し、行動に移すことが重要です。会計作業を半年・1年と放置することは、健康診断をせずにずっと過ごしているのと同じことです。気がついたら、対策もできないままに会社が傾いていた──そんなことにならないように心して取り組みましょう。

(ii) 資金ショートに対応できない

　会計作業が遅れて現状の会社の状態を把握できないことは、資金繰りにも悪い影響を与えます。お金が足りているか、足りないかを把握することは、資金繰りのうえで非常に重要なことだからです。キャッシュがショートする（足りなくなる）かどうか、なるべく早く察知して対策することは会社の生命線ともいえます。

(iii) 創業融資や追加融資の申請ができない

　お金を借りようとした場合、金融機関から次のような経理関係の書類を求められます。

○ 過去3期分の決算書（3期分に満たない場合は、経過したところまで）
○ 決算後、ここまでの最新の試算表（起業後半年くらいは免除されることも多い）

　例外的な場合を除いて、金融機関にとって「キッチリと経理をしている会社である」というのは融資の最低条件といえます。途中経過である試算表がすぐに出てくるというのも当たり前のことです。申告が遅れた、もしくは申告すらしていないというのはもってのほかであり、確実に審査に悪影響を及ぼすということを認識しておいてください。

(iv) 税務申告ができない

　税務申告をするには、当然に社内の経理ができていることが前提となりま

PART 6　会計・税務　191

す。会計作業が遅れると、税務申告を期限内に済ませることができなくなってしまいます。税務申告が遅れると加算税や延滞税などのペナルティが課されるばかりではなく、金融機関からの信用も失います。さらに、個人的な住宅ローンの申請にまで影響します。どうせしなければならないことですから、最初からキッチリと経理の体制を整えておくことをお勧めします。

3 経理経験がない場合はどうするか

　起業当初はキャッシュがないため、何でも自分自身でこなそうという気持ちはよくわかります。特にIT系など、ソフトウェアを使いこなすことに長けた人であれば、「何とかなるのではないか」と考えてもおかしくありません。

　最近、流行りの無料もしくは低額の会計ソフトに安易に手を出し、自身で経理をすることを計画し、結果的に頓挫してしまうケースをよく目にします。

　依然として一般企業では経理部が存在し、社員も働いているのはなぜなのか、冷静に考えてみましょう。いくらソフトウェアが発達したとしても、それを動かすだけの専門知識のある人間は必要なのです。

　経理部出身などの経理経験がある人以外は、無理して自分で取り組もうとすることは諦めるほうがよいでしょう。その時間は営業やマーケティングなど、本来、社長が注力するべき分野に充てましょう。日々の記帳から申告までを税理士に一任してしまうこともお勧めです。創業支援専門の税理士であれば、経理部員を雇用するよりも、かなり格安の料金体系で引き受けてもらえます。困ったときには相談もでき、何よりも、安心して本業に集中することが可能になります。

　そのコストすら出せない、もしくは節約したいと考えているのではあれば、経営に向いていないかもしれません。一般企業でいえば、経理部員を雇用する余裕もないという状態なのです。

　これを機に、経理体制をどのように確立するのが良いか、検討してみましょう。

4 決算書にこだわること

　1年間の経営が数字で表れてくるのが決算書です。まずは損益計算書と貸借

対照表の読み解き方は必ずマスターしておき、決算の時期が迫ってきたら、こだわりをもって自社の決算書と向き合いましょう。

　ここで、「決算書上にあるのが好ましくない科目」についても押さえておきましょう。

仮払金や仮受金
処理すべき内容が確定しないため、やむを得ず使用する項目です。この金額が大きい会社は、しっかりと決算を行っていない可能性があると判断されてしまいます。

短期貸付金・長期貸付金
　誰かへの個人的な貸付が決算書上にあることは、あまり好ましくありません。金融機関からお金を借りているのに、会社が誰かにお金を貸しているとしたら、金融機関はどう思うでしょうか。社長など役員への貸付金も含め、誰かにお金を貸すという行為は慎重に考えましょう。

投資有価証券、有価証券売却損、有価証券売却益
　会社のお金でFXや仮想通貨の運用をした挙句、損失を出してしまうケースが後を絶ちませんが、こうした場合、金融機関や信用保証協会への心証は確実に悪くなります。経営以外の不安定な要素が経営に与えるリスクが垣間見えるからです。そうした投資を考えるのであれば、あくまで個人名義で行い、会社とは切り離すべきです。

── 失 敗 パ タ ー ン ──

・決算の間際まで経理を放置し、正しい現状の業績を把握できない
・追加で融資を借りようとしても、最新の試算表ができていない
・FXや仮想通貨の取引を会社で行い、損失を計上してしまう

経理体制の確立について考えてみよう

誰が経理を行うのか考えてみよう

（　　　　　　　　　　　　　　　　　　　　　　　　　　　　　　）

06

税理士は経営を左右する

　起業家が事業を軌道に乗せるあたり、誰にアドバイスを求めるかでその後の事業の成否が変わります。中でも最も影響を与える可能性があるのが税理士でしょう。経営に対して多大な影響を与える経営上の密接なパートナーともいえます。簡単にコロコロと変えられるものでもありませんから、「知り合いの紹介だから」という単純な理由ではなく、じっくりと検討して慎重に選ぶことをお勧めします。

　税理士の選定を家電製品を価格比較サイトで探すような気持ちで臨むことは厳に慎むべきです。税理士は1人ひとり経験も能力も、価値観も性格も違います。まずは、無料相談などを利用し、直接話してみてください。会話の端々に、その人の経験や能力、人柄が表れてくるはずです。Webや書籍で情報を発信しているのであれば、それをチェックするという手もあります。

　もう1つ大事なことは報酬です。税理士側があらかじめ見積もりを提示するなど、明朗会計であることは基本中の基本です。そのうえで、相場や自社の事業規模と比較して報酬の水準が高すぎないかをチェックしましょう。

　税理士の報酬は、平成14年3月までは「税理士報酬規定」の規制により横並びで同じ報酬額でしたが、現在は報酬は自由化され、価格競争、サービス競争の只中にあります。行きすぎた価格競争の中で本質的なサポートのクオリティが低下することもありえます。起業を成功させるためのパートナーを求めるという本質を見失わないよう、報酬だけにとらわれず、じっくりと検討するようにしましょう。自分の目で、耳で、感覚で、しっかりと確かめることが重要です。

　税理士選びでよくある失敗パターンとしては以下のようなものがあります。

○ 失敗パターン1：単純に知り合いからの紹介ということで選んでしまうケース

　→知り合いや親からの紹介ともなると、合わなかったり頼りにならなかった

としても、紹介者の手前、なかなか税理士を変えられず後悔するということもあります。

○ 失敗パターン2：価格だけで税理士を決めてしまうケース

→初期費用の安さにつられて契約してみたものの、後日、資金繰りや資金調達、税務調査などについてのアドバイスや支援が得られないことが判明し、結局、創業融資や補助金、税務調査対応については、別の税理士を頼るということもよくあります。

税理士選びで成功するためには、以下の「税理士選びチェックポイント」のような視点を持つことが大切です。創業融資や創業に関する補助金の知識や申請実績、多方面にわたって対応可能かどうかなど、起業支援には起業支援独特の論点があります。慎重に見極めましょう。

起業した後も同様です。一度依頼した税理士でも、やっていくうちに「アレ？」と思う点があれば、見直しも考えてみましょう。決算が終わる時点で、1期ごとに顧問税理士について検証することをお勧めします。「税理士見直しチェックポイント」を参考にしてみてください。気になる項目が多い場合は、1度立ち止まって考えることが重要です。

税理士選びチェックポイント

☑	1）守備範囲、視野	税理士である以上、税金のことを熟知していて間違いがないのは当然であり、税務会計以外の広い守備範囲を持つことが理想。起業する業界の事情、創業融資、創業に関する補助金・助成金、集客、オフィス・店舗探し、最近の起業をめぐる制度やトレンドなど、税務以外の経営全体についての体験や知識があるかを確認する。さらに複数の資格を持っている税理士であれば、さまざまな経営課題について一度に相談することが可能
☑	2）人物	・コミュニケーション能力があるか ・依頼者としての意図を正確に汲み取ってもらえるか ・ビジネスライクではなく、一緒に成功しようとする熱意はあるか ・人としての相性はどうか／価値観は一致するか

	3）実績、規模	・起業支援の実績や評価はどうか ・規模が大きすぎないか ・誰が窓口として担当する体制か（所長か担当者かアルバイトか　など） ・担当者の能力はどのように担保されるのか
	4）価格	・事前に見積書を提示するなど、明朗会計か ・相場との比較はどうか ・経営的に負担できる水準か ・低価格を前面に出している場合、クオリティは大丈夫か
	5）人脈	・他の専門家や金融機関との連携はどうか ・金融機関から信頼されているか ・経営に必要となる人脈の紹介は期待できるか
	6）集客、売上貢献	・単に税務処理をしていればいいという守りの感覚だけでなく、積極的に売上に貢献するなど攻めの姿勢があるか ・売上増加やブランディングにつながるアドバイスが可能か
	7）スピード感	起業で重要なのはスピード感。質問や依頼に対するレスポンスは早いか／即実行してもらえるか

税理士見直しチェックポイント

	月次の試算表が翌月には必ずできているか
	顧問料等はわかりやすく、かつ適正な料金体系か
	支援のクオリティは期待より低くないか
	要望や質問・相談には迅速に対応してくれるか
	資金繰りの改善指導を積極的に行ってくれるか
	金融機関の紹介や金融機関との交渉の指導を積極的に行ってくれるか
	税務だけではなく、経営全般の相談や悩みを聞いてくれるか
	節税対策を積極的に行ってくれるか
	経理の合理化・改善のアドバイスがあるか
	余計な手間をかけさせないか
	小さな相談ごとにも親身に対応してくれるか
	税務調査に精通した経験豊富な税理士がいるか
	各分野の専門家と連携し、総合的な解決案を提案してくれるか

☑	補助金や助成金の最新情報にも精通しているか
☑	ビジネス感覚を共有できるか（一般のビジネスマンとしての経験があるなど）
☑	連絡が取りにくい、話しにくいなどコミュニケーション上の問題はないか
☑	担当が頻繁に変わることがないか
☑	アルバイトや新入社員などが担当につくことがないか
☑	事務所自体にパワーがあり、会社が元気づけられるか
☑	交流会や紹介制度など人脈の財産があり、経営にプラスとなるか
☑	経営者のよきパートナーといえるか
☑	ともに発展・成長しあえるパートナーといえるか

―――― 失 敗 パ タ ー ン ――――

顧問税理士は経営を左右することを理解せず
選び方に失敗する

07

節税の考え方、方法、借入れとの関係

1 節税に対する2つのスタンス

　税理士としてさまざまなクライアントのサポートをしていると、経営者によって節税に対する認識が異なるのがわかります。「できる限り節税したいというタイプ」と「節税はそれほど考えないというタイプ」、大きく分けて2つのタイプの経営者がいます。どちらが正解ともいえません。ただし、1つ言えるのは、節税によるデメリットがあることをよく理解しておくべきだということです。

　よくある失敗事例としては、節税したいがために必要のないものまで買ってしまうケースです。極端な節税に走りすぎれば、逆に会社の財務力を弱くしてしまう可能性があります。例えば利益が800万円の場合、法人税等は約24%の192万円です。節税のために600万円を無駄に使ったとしたら利益は200万円になり、納める税金は48万円となります。一見、節税で144万円得をしたように見えますが、600万円がまるまる無駄遣いだとしたら、手元のお金もあまり残らず、逆に損をしていることになってしまいます。これは起業したばかりの経営者が陥りがちなことです。「自営病」ともいえるでしょう。

　もう1つの失敗は、節税のしすぎで利益を出していないことにより、金融機関からの借入れがしにくくなってしまうことです。金融機関としても、節税のためにギリギリの利益しか残していない会社より、きちんと税金を納めてお金を残している会社を優良と評価します。前述した「自己資本」の金額がかなり重要なのです。さらに金融機関は過去3期分の決算を見るだけでなく、個人事業時代の経営成績も見ます。法人化すればいいという問題ではないのです。それほどまでに決算書上の利益は将来の経営に影響するということです。

　経営は税金面だけを考えればいいというわけではありません。「会社を維持・発展させる」という大きな視点で物事を判断しましょう。

　少なくとも、次の計算式を満たすような以上の利益を出しておくことが1つ

の目安となります。

| 税引後当期純利益＋減価償却費 | ＞ | 既存の借入金の年間返済額 | ＋ | 今後予定する借入金の年間返済額 |

2 節税の種類

「節税」の方法は4種類に分類することができます。良い節税と悪い節税があるので、ぜひ、頭に入れておきましょう。

○ 目先のお金を消耗して税金を減らす方法
　（例：パソコン、複合機、車などの商品やサービスを購入）
　⇒決算期末が迫り、急にあれこれと買い物をするパターンです。
○ 長期的な回収を目論み、節税する方法
　（例：リスティング広告、ホームページ、新店舗の開設など）
　⇒将来的な効果も考え、事業そのものに投資しておく方法です。
○ お金を出さずに税金を減らす方法
　（例：役員報酬の最適金額での設定、旅費規程の作成・運用、税額控除）
　⇒特に追加の支出を伴わず、制度などで最適な節税をする方法です。
○ お金を出して貯蓄＋守りを固める方法
　（例：生命保険、中小企業倒産防止共済など）
　⇒将来的にお金を使える（貯められる）余地を残して、節税する方法です。

　節税するのであれば、将来の会社のために良質な効果をもたらすようなことをすべきです。くれぐれも目先の節税に走ることのないように心がけましょう。

失敗パターン

・節税に走り、大して必要もないものを無駄に買ってしまう
・節税に走りすぎて、将来的に金融機関からの借入れがしにくくなる

自社に当てはめてみよう

税引後
当期純利益 ＋減価償却費　＞　既存の借入金の年間返済額＋今後予定する借
入金の年間返済額

（　　　）＋（　　　）＞（　　　　　　　　　）　＋　（　　　　　　　　　）

PART

07

経営方針
・
社長自身

01

お金の管理、個人信用情報に注意せよ

　多くの起業相談者と接していると、時間と信用の価値に気づいている人と気づいていない人に大きな差があることに気づきます。

　例えば、時間にだらしがない人は、大抵お金にもだらしない人生を歩んできた人である傾向があります。約束の時間を守れないことと約束の支払期限を守れないことは、共通の要素といえます。

　これは、将来起業することを考えると致命傷になりかねません。周りから信用されない人が起業しても、うまくいった試しがないからです。

　創業融資の審査の際には、過去にさかのぼって個人信用情報を調べられます。過去にひどい滞納や自己破産などの事故情報が見つかれば、審査の土俵にすら上がれないままに門前払いとなります。

　「過去」は誰にも変えられません。起業支援の専門家でも過去を変えることだけはできないのです。会社員時代から、この点は気を付けておかなければなりません。

　注意が必要なのは携帯電話本体の分割払いです。携帯電話の通話料などと一緒に分割分も返済していくパターンの契約で、気軽に勧められるため感覚がマヒしますが、分割払い分は立派な「借金」です。うっかり携帯電話料金を滞納していると、借金である分割払い分も一緒に滞納していることとなり、個人信用情報に傷がついてしまいます。こんな問題が最近多発しているので、十分にご注意を。自動車税の滞納なども軽く考えていると、後で痛い目に遭います。

　過去に自己破産などをしていれば、しばらくの間、個人信用情報に情報が残ってしまいます。水道光熱費やクレジットカードの引き落としが遅れていないか、確定申告を遅れずにきちんと済ませているか、税金を滞納していないかなども審査項目としてチェックが入ります。こうしたチェックは代表者の個人銀行口座の通帳、公共料金の明細、所得税の確定申告書控え、固定資産税の納付書控えなどを通じ、融資申し込み時から過去1年ほどを集中的に確認されます。起業を考えた時からお金の管理をしっかりしましょう。これを肝に銘じて

生活するように心がけてください。

　長い年月を掛けて構築した信用も、失うのは一瞬です。会社員時代から信用の価値を十分に理解しておきましょう。

　また、カードローン、クレジットカードのリボ払いを始め、借金が残っている状態で融資を申請するのもマイナス要素となります。住宅ローンなど、借金の一方で財産が残っているものは、財産と借金でバランスをとるために、それほど気にしなくてもよいのですが、生活費のための借金は可能な限り避けておくべきです。リボ払いが習慣化して、気づかない間に負債が多額になっているケースもあります。近い将来、起業をしたいのであれば、余分な借金は避けるように心がけてください。

　また、信用を高める意味でお勧めするのは、定期積金を始めることです。毎月定期的に貯められる人は、お金もきちんと返せるという信用を生みます。自己資金を増やすために、FX投資や株式投資、仮想通貨などで損失を出してしまうケースもよく見かけますが、資金を増やすはずがかえって起業が遠のいてしまう可能性があるので、注意が必要です。

　会社員時代のキャリアも重要な審査要素です。その業種の経験年数が審査結果を左右することはお話ししましたが、転職歴も影響を与えます。あまりにも短期間に転職を繰り返している場合には、「根気がない」「性格に問題がある」などを疑われる可能性があります。理由付けのできる戦略的な転職をしましょう。退職時にもめないことも、基本中の基本です。

━━━ 失 敗 パ タ ー ン ━━━

お金の管理がだらしなく、経営にも影響する

信用&お金の管理チェックポイント

		よくある失敗パターン	対処法
☑	個人信用情報	個人信用情報にお金のトラブルについての情報が掲載されてしまっている	・借入金の返済日やカードの引き落とし日は必ず期限を守る ・口座を徹底的に管理する
☑	借入金が多い	多額のカードローンやリボ払いの残高がある	・カードローンやリボ払いを利用しない ・融資申請までに返済しておく
☑	通帳	水道光熱費、通信費などの引落が頻繁に遅れている	口座には一定の残高が入っているようにする
☑	お金のもらい方	両親など、起業を応援してくれる人からキャッシュで資金を受け取り、証拠が残らない	証拠が残るように、必ず口座に振り込んでもらう
☑	自己資金の貯め方	自己資金分を株式、投資用マンションなどリスクの高い投資で運用したものの、いざというときに売れない／値下がりして二束三文になる	・起業の際に自己資金に回す分については、現金として確保しておく ・投資している資産は早めに売却する
☑	確定申告をしていない	個人事業などで所得があり、確定申告が必要であるにもかかわらず申告をしていない／申告が遅れている	申告が必要なケースでは、必ず確定申告をしておく（過去3年分はチェックが入る可能性あり）
☑	税金を滞納している	所得税、住民税、固定資産税などを滞納している	・滞納しない ・融資申請までには滞納状態を解消しておく。
☑	前職ともめる	前職の会社から裁判を起こされるなど、円満退職ができていない	・同業種の場合、絶対にもめないように気を使う ・何とか円満退職できるように努力する
☑	短期間で転職を繰り返す	数ヶ月おきに転職を繰り返していると、根気がない性格だと判断されるおそれがある	転職をするなら、きちんと理由付けできる転職をするなど、戦略的な転職を

02

欲 を 制 する もの は ビジネス を 制 する

会社は社長の「欲」の大きさまでしか大きくなりません。これは多くの起業家、経営者を見てきたからこそいえることです。欲はエンジンのようなもので、自分が満足してしまったらそこが上限です。社長が大きな欲をもっていなければ、会社も伸びません。

日本人には「清貧」というような、慎ましさを美徳とする考え方があります。また、長く会社員として給料の中で生活する癖がつくと、飼い慣らされて欲がなくなっている自分に気づくこともあるでしょう。

でも、「成功してフェラーリに乗りたい」「100店舗のチェーンを築きたい」「高層ビルにオフィスを構えたい」「豪邸に住みたい」など、そういった欲を持つことは、むしろ自然なことです。

起業にはステークホルダーやお客様が納得するような理念が必要なのはすでにお伝えしたとおりですが、それ以前に社長自身の私的な「欲」がなければ、自分自身の推進力が足りず、結局エンストしてしまいます。

自己啓発の本によく「目標を実現したいなら、その目標を口に出し、紙に書け」というアドバイスが書いてありますが、これは正解です。意識的に「欲」を脳や潜在意識にインプットする作業なのです。

以前、35年計画の事業計画書を持ってきた人がいました。最後にはサッカーチームを所有する、世界各国に支社を展開するなど、バラ色ともいえる展開が記されていました。こんな事業計画書を見たら笑う人もいるのかもしれませんが、結果的にそういう人は成功していきます。「こうしたい！」「こうなりたい！」と「欲」や成功イメージを効率的に脳にインプットできているのでしょう。

失敗パターンで多いのは、お金儲け「だけ」を目標として定めてしまうケースです。お金儲けだけが目標だと、しっかりと脳にインプットされないばかりか、周りに「怪しさ」を感じさせるものです。

成功すればお金なんていくらでもついてくるものです。まずは、「欲」を持つ

こと、その「欲」をコントロールすることを身につけましょう。自分の欲を理解し、コントロールできるということは、ターゲット客層や自分の周りの利害関係者の欲も理解できるようになるということです。それぞれが何を欲しているのかを理解し、その「欲」に対し、自社が、自分が今後何をできるのか、何を与え、何を叶えることができるのか——いわば、経営は人間理解ともいえるでしょう。

どんな欲を持っているか、意識的に持てるか、書き出してみよう

		成功して手に入れるものを具体的にイメージしよう
☑	事業規模	
☑	役員、スタッフ	
☑	賞賛、名声	
☑	店舗、オフィス	
☑	家族、子ども	
☑	趣味、旅行	
☑	家、車	
☑	財産	
☑	社会貢献	
☑	世界を変える	
☑	（　　　　　）	

—— 失 敗 パ タ ー ン ——

欲を持つこと、欲をコントロールすること、両方を実践できていない

03

起業はリスクコントロールが肝要

　事業は「攻め」と「守り」のバランスが重要です。スポーツと同じで、「攻め」ばかりを考えて「守り」を疎かにすれば、勝つことはできません。さまざまな難局（リスク）を乗り越えていける用意が必要なのです。

　経験豊富な経営者であっても、事前にすべての難局を予測して回避することはできません。とはいえ、経営者たる者、少なくとも一歩先を見越して対策しておくことが肝要です。

　私の経験上、起業家のリスク対策としての基本は、以下のようなことです。

1つの「かご」に卵を盛らない
⇒分散投資をする／取引先や事業、借入先、主力従業員等を一本に絞らない／可能であれば景気サイクル等の相関性が低い事業を組み合わせる　など

大勝ちしなくてもいいから、負けない
⇒些細な勝ちでも繁栄は続く。負ければ、一瞬ですべてを失うかもしれない。

人によく学ぶ
⇒周りをよく観察し、その失敗に学ぶという方法もある。人の失敗は鮮明に見えるため、改善すべき方向性がわかる。もちろん、人の成功に学ぶのも大切。成功者の行動には必ず「理由」がある。その理由を考える。

何事も「急」は危険
⇒「急」は必ずどこかで「無理」「ひずみ」が生じる。「徐々に」であれば、なじみながら進むから「無理」「ひずみ」が生じない。「徐々に」とは、数ヶ月先、数年先を読みながら、常に準備し育てる（事業を育てる、自分を育てる、部下を育てる、ブランドを育てる、人脈を育てる、信用を育てる　など）ことである。

常に出口を見る
⇒いざとなったらどう逃げる（撤退するか）を必ず最初に考えておく。出口がないと気がついたら、進まない、続けない。

リスクに対して、コスト計算をする
⇒割に合うリスクテイクなのか、常に天秤にかけ、軽率な行動をとらない。目先の利益を得るために「信用」をすべて失う会社が後を絶たない。多少のコストを軽減するために法律違反をすると、もっと大事なものを失う。

保険に入る（保険は城や堀と考える）
⇒保険料を必要なコストと考え、なるべく保険に入ること。

知らないことに手を出さない
⇒知らない事業にはできるだけ手を出さない。しなければならないときは必ずその道の専門家に聞きながら進めるべきである。結果的にその方が利益をあげられる。

情も大切、非情も大切
⇒ビジネスにも情は大切だが、情に流されると最悪のケースも招きかねない。時には非情な選択も必要になる。

「人」に気をつける
⇒マイナスオーラを出している人物には近づかず、逆に自分の周りにプラスオーラの人間を置き、付き合いを深める。次第にそういう人との縁が広がり、自然に知り合う機会が増え、運気が上がる。

準備を怠らない
⇒「する」と決めた以上、入念な準備をしてから臨む。あらかじめ、予測できる失敗要素をリストアップし、対策しておく。

余裕を持った状態で始める
⇒お金、時間、マンパワー、リソースなど、すべてにおいて余裕がない状態で始めない。

　こうしたことに気をつけていれば、取り返しのつかないような大失敗を犯す確率は低くなってくるのではないでしょうか。

　起業はチャレンジです。ある程度のリスクを取らなければ、リターンもありません。まずはリスクを承知で1歩を踏み出す意識を持ちましょう。もちろん、リスクは取りすぎてもいけません。過剰にリスクを取った結果、問題が起こり、事業が立ち行かなくなってしまうことも起こりえるのです。

　チャレンジが単なる蛮勇にならぬよう、必ず防御の意識もバランスよく持ちましょう。経営を進めるにあたり、あらかじめ各分野の専門家に相談しながら慎重に進める、保険に加入するなどが基本的なリスク回避策です（図表34）。

図表34　起業家が負うリスクと対処法

	例	対処法
法的リスク	許認可や法律への違反、契約トラブル、損害賠償	コンプライアンスの徹底、あらかじめ専門家に確認する　など
事故災害リスク	労災事故、自動車事故	危険予知と対策、保険加入　など
規模的リスク	目が行き届かない	急激に拡大しない／遠隔地に支店を出さない
金銭的リスク	売上不足、売掛金回収（与信）、税金、資金繰り（払えない／返済できない）	取引先選びを慎重にする／あらかじめ専門家に相談しておく／借りられるうちに融資を借りておく
雇用リスク	給料、責任、労務トラブル	最初は雇わない／十分に話し合っておく／あらかじめ専門家に相談しておく
健康リスク	体調管理、健康診断	健康診断を受ける／節制する

予測できるリスクと対策法を書き出してみよう（記入例）

事業上の問題点・リスク	売上が想定を下回る 食中毒事故 仕入先から食材などを確保できない 社員、アルバイトの退職 接客品質の低下
その解決方法	広告宣伝の強化、プロモーションの強化、新メニューの開発 衛生管理の徹底、教育による周知 新たな仕入先の発掘 継続的な採用活動 退職させないための誘引（モチベーション向上、昇進昇給、時給アップなど） 能力開発の継続、強化、モチベーションの向上

予測できるリスクと対策法を書き出してみよう

事業上の 問題点・リスク	
その解決方法	

―― 失 敗 パ タ ー ン ――

大きなリスクを放置したまま危うい経営を続ける

04

起業当初はやることが山積み

　起業当初、社長がこなさなければならない仕事は山ほどあります。そこで、どのようにして効率よく時間を使い、事業を素早く立ち上げられるかを考えなければなりません。

　まず行うべきは、タスクのリストアップです。現時点から事業が軌道に乗るところまでをスケジュールに落とし込んでいきましょう。

起業チェックリスト

【登記申請までにすること】

☑	/	起業の目的やニーズなどから事業の方向性を決め、それに合わせたビジネスモデルなど「作りたい会社」のイメージを決定する
☑	/	事業計画書を少しずつ書き始め、特に資金計画が万全か、融資・補助金・助成金などの可能性について調べる
☑	/	構想が固まってきたら、起業に精通した専門家に「起業準備段階での無料相談」を行う。専門家に依頼する部分、誰に依頼するかを決定する
☑	/	出資者の間で、社名、事業目的、本店所在地、役員構成や資本金などの事項を決定する。また、社名決定後、代表者印も作成する
☑	/	印鑑証明書を出資者や役員ごとに必要数取得し、定款を作成する。株式会社については公証人による認証を受ける
☑	/	出資者による出資を行い、登記申請書や添付書類の準備をして、本店所在地の法務局にて登記申請を行う

【事業開始前までにすること】

☑	/	履歴事項全部証明書を入手し、税務署や都道府県、市町村に税務関連の届出を行う
☑	/	会社の銀行口座を開設する。開設に際して、審査に必要な書類は各金融機関に確認し、事前に準備しておく
☑	/	事業計画書を仕上げ、日本政策金融公庫や自治体の創業融資制度などに申し込みをする

PART 7　経営方針・社長自身

☑	/	許認可が必要な業種については、許認可手続の申請を行う
☑	/	会社設立から3ヶ月以内に役員報酬を決定する
☑	/	社会保険（健康保険、厚生年金保険）への加入手続を行う
☑	/	請求書・領収書発行、会計入力、給与（役員報酬）計算、税務申告、口座管理など、お金周りの体制を確立する
☑	/	マーケティング、広告宣伝を本格化。FacebookなどSNSもフル活用し、プロモーションを強化する

【従業員を雇う際にすること】

☑	/	業務展開や収支計画、資金繰りをもとに人員計画を作成し、どのタイミングで従業員が必要かを検討する
☑	/	従業員の雇用や教育などについて助成金を活用できないかチェックする
☑	/	採用する従業員との間で労働時間や給料などの労働条件について合意し、労働条件通知書を作成して従業員に交付する。
☑	/	縁故、SNS、ハローワーク、求人媒体などで必要な人員を募集する
☑	/	適用事業報告を労働基準監督署に提出する（時間外労働、休日労働をさせる場合には時間外労働及び休日労働に関する協定届（36協定）も提出）
☑	/	労働保険（労災保険、雇用保険）への加入手続を行う（社会保険に加入する従業員については、加入手続も行う）

― 失 敗 パ タ ー ン ―

起業前後の慣れない手続で時間をとられ
本業がなかなか進まない

05
プロにお金を払うことの有用性に早く気づくこと

　限られた時間を効率的に使うためには、自分以外の他人の力をどう活用するかも考えなければなりません。

　会社員時代には、意識しなくても組織の中で誰かがやってくれていたことも、起業後はすべてを把握し、自分の責任において推し進める必要があるのです。

　ただ、初めて関わることであれば、誰だってノウハウ不足な分野があるものです。しなくてもよい失敗を犯したり、甘い予測のもとに行動したり、ムダなコストを払うこともあります。器用貧乏にすべてをこなそうとすれば、必ずそういった無駄や失敗を犯すことになります。こういうことを回避する意味でも、その道のプロであるビジネスパートナーを見つけることが重要です。

　たくさんの起業家に関わる中で、私が気づいた成功する人に共通する法則は、「自分のできること、できないことをよく見極めて強く自覚すること」「自分ができないことについては、プロであるビジネスパートナーを見つけ、その人を全面的に頼ること」です。

　ビジネスを展開していくには、仕入ルート、販売ルート、資金調達、税務、会計、人事労務、法務、アイデア、マーケティング、広告、デザイン、集客、技術、人材募集など、さまざまな分野の知識、経験、技術が必要です。すべての専門的な知識やノウハウを習得し、すべて自分で動くのは能力的にもマンパワー的にも不可能です。それよりも、自分は自分ができることに集中し、自分ができないことは、それが得意な誰かに任せるほうが合理的で、むしろビジネスを加速させることにつながるのです。

　では、「その道のプロ」をどのように見つけるのでしょうか。以下のパターンを見ていきましょう。

1 旧知の知り合いに依頼する

　自分の旧知の知り合いにお願いするのは、最もベーシックで多用される方法

PART 7　経営方針・社長自身　213

です。相手の技量も気心も知れていますので、初めから安心して依頼できることがメリットです。会社員時代から日頃、さまざまなところに顔を出し、人脈を広げておく必要があるでしょう。

2 信頼できる誰かに紹介してもらう

次は、信頼できる誰かに知り合いを紹介してもらう方法です。紹介者の立場もあるため、人間的にも信用できる人を紹介してもらうことが期待できます。私のクライアントでも、見ず知らずの相手に依頼するくらいなら、信用できる紹介者を決め、その人の紹介であればすべて信じるというスタンスで信頼できるプロの人脈を広げている人がいます。スピードをもって事業拡大ができている人に多い思考パターンだと思います。

3 Webサイトなどで見つける

単純なWeb検索や、専門家が所属するポータルサイトで、各分野の専門家やコンサルタント、仕入先、販売先などを検索し、自分にふさわしいと思われるビジネスパートナーを探す方法です。

専門家やコンサルタントについては、無料相談やセミナーを開催している場合もあるので、まずはコンタクトをとってみることをお勧めします。最近ではFacebookなどのソーシャルメディアを通じて知り合い、ビジネスパートナーになるケースも増えています。こうしたソーシャルメディアも日頃から積極的に活用しましょう。

—— 失敗パターン ——

コスト削減のためにすべてを自分でこなそうとして、
逆に事業拡大が遅れる

各ジャンルのプロを頼るべく体制は整えているかを考えてみよう

	ジャンル	いつでも頼れるその道のプロは？
☑	会社設立	
☑	資金調達	
☑	補助金・助成金	
☑	税務・会計	
☑	人事・労務	
☑	許認可	
☑	法務、契約書	
☑	マーケティング・集客	
☑	広告・デザイン	
☑	仕入ルート・販売ルート・提携先開拓	
☑	物件探し	
☑	設計・内装工事	
☑	専門技術（　　　　　　　　）	
☑	その他（　　　　　　　　）	

06

小さな会社ほど、社長個人の能力、人間力が経営にダイレクトに影響する

　起業した後に待ち受けているのは厳しい世界です。起業家全員が成功できるような甘い世界ではありません。ただ、その中で成功を収める人がいるのも事実です。

　では、その厳しい世界の中で成功する人はどんな人でしょうか。ここでは、私が多くの起業家をサポートした経験の中で見いだした「成功する人の要件」を紹介します。

1 差別化した商品・サービスや独自ノウハウを持つ

　成功する起業家が提供する商品・サービスは、他社と差別化できています。もしくは何らかの独自ノウハウを持っています。差別化した商品・サービスや独自のノウハウを持つということは、以下の点で有利となります。

他社との比較で営業上有利
　インターネットを通して誰でも大量の情報を簡単に手に入れることができるのが今の社会です。見込み客がある商品・サービスを手に入れたいと考えたとき、いろいろと比較してじっくりと検討するのが当たり前の時代となりました。他社との比較で選ばれるには、他社の商品・サービスと明確に差別化できているかが重要です。

価格競争に巻き込まれない
　どの分野の商品・サービスであっても激しい価格競争があります。ただ、独自ノウハウによって付加価値を付けて他社と差別化できていれば、こうした価格競争に巻き込まれることもなく、利益を確保し会社を存続させていくことが可能になるのです。

頼まなくても買ってもらえる
　人気店の行列を見ればわかるように、見込客が求めるような魅力的な商品・サービスであれば、営業して回らなくても買ってもらえるものです。これだけ社会が成熟し、人々が新たに物やサービスを買う必要がない時代になると、見込み客がどんな商品・サービスを必要としているのか、よく研究しておく必要があります。魅力的なサービス・商品を提供できるかどうか、起業前にどこまでこの点をリサーチして準備しておけるかが勝敗に直結します。

2 マーケティング、集客、営業の能力

　いくら良い商品・サービスだとしても、プロモーション、売り方が間違っていれば売れません。特に起業時には早い段階で売上を上げることができなければ、会社を維持することさえままならない状況に陥ります。そのためにもこの能力は特に重要です。成功する起業家は、プロモーション、売り方も巧みです。

　起業する前に必ずマーケティングやプロモーション、集客についてよく検討しておきましょう。実力があって、素晴らしい商品・サービスを提供していても、売り方をよく研究していないことが原因で失敗する例も見てきました。そうならないためにも、起業前に必ず事業計画書を作成し、マーケティングや集客方法などについて、リサーチと戦略的な検討を繰り返しましょう。

　もう1つ重要なのは、社長自身が営業マンとしての能力を発揮できるかどうかです。起業時の社長は、1人何役もこなさなければなりません。中でも重要なのは、会社の顔として取引先などと交渉する能力です。これは他の誰かに務まるものではありませんので、起業前から磨いておきたいものです。

3 お金の感覚、知識

　商売の基本として、「入るを量りて出づるを制す」という言葉があります。「収入額を正しく予測して、無駄な出費を抑えるべし」という意味です。成功する起業家は、お金に対する感覚、知識に秀でています。いくら調子がよくて爆発的に売上が上がったとしても、売上に見合わない出費が生じる状況が続いていれば、ふと不景気になったり、何か問題が生じたときに持ちこたえられなくなります。そうならないように、しっかりと数字を把握し、合理的で手堅い経営判断をしたいものです。

　これは、何から何まで出費を抑えてギリギリまで節約すればうまくいくというものではありません。古来から「吝嗇（りんしょく）＝ケチ」という言葉があり、商売人として戒めるべきこととして伝わっています。お金の匂いがするからこそ、脇が甘いからこそ、協力業者や役員、従業員が集まってくるということもあります。お金を出すべきときは出すのが商売であり、成功する秘訣です。

　起業して1年間は資金繰りの余裕がないものです。費用対効果を考えてでき

る限りムダを抑え、限られた予算を効果的に配分することを心がけましょう。

4 自然と周りに応援される人柄

　成功する起業家は、人間として魅力的です。義を重んじ、人に信用され、自然と周りに応援される人物です。
　尊敬する松下幸之助先生の残した言葉に、このようなものがあります。

　「経営者にとって大事なことは、何と言っても人柄やな。結局これに尽きるといっても、かまわんほどや。まず、暖かい心というか、思いやりの心を持っておるかどうかということやね」

　経営者として性格が悪かったら致命的です。お客様は寄って来ず、従業員の心も離れ、外に多くの敵を作り足を引っ張られ、孤独になり、悩む。どんなに実力があっても、どこかで頭打ちになるはずです。成功している起業家のように会う人にはいつも暖かい心で接し、口から出る言葉や文章は人を元気づけるパワーを持つ——そのような生き方をしたいですね。

5 先を見通す能力

　成功する起業家は、例外なく先を見通す力に秀でており、世の中の変化に常にアンテナを張って経営に活かしています。起業において「先を見通す」とは、「世の中のニーズを3歩先読みできる」ことを意味します。起業当初の体力がないうちは、「10歩先」を読んで事業にチャレンジしても、世の中が変化して売上が上がる前に会社を維持することができなくなってしまいます。一方、「1歩先」ではすでに多くの人がその事業に手をつけてしまっており、後発組となるおそれが高まります。「3歩先」を見通すことができるように、起業前から世の中の変化を感じ取り、予測する癖をつけましょう。

6 アイデア、行動力、スピード

　成功する起業家は、卓越したアイデア、行動力、スピードを持っています。表現するなら、考えてから走り出すというよりは、走りながら考えるというイ

メージです。例えば、「打合せをしているときに気になることがあれば、その場で関係する人に電話して確認する」「今日思いついたら早速明日からやってみる」といったテンポで物事を進めていくのです。たとえ起業したばかりで体力がないとしても、多くのアイデアを考え、それをすぐに実行に移すスピードがあれば、既存の企業と対抗できる可能性が出てきます。「まずはやってみる」というチャレンジ精神を持つことも、行動力の源泉となります。

7 人の意見を素直に聞き入れる

　成功する起業家は素直です。自分をよく知り、自分のできること、できないことを明確に区別し、自分ができないこと、知らないことはその道の専門家の意見をよく聞き入れます。1人の人間が知りうること、できることには限界があります。自分ですべてを抱え込んで独断で解決せずに、本業以外のことは各分野の専門家に意見を聞く、専門家をうまく使いこなすということも経営者としての度量のように感じます。

　起業前に、起業全般に関する専門家と先輩経営者というメンターを2人見つけておくと、両者でバランスのよいアドバイスが受けられるはずです。もちろん、両者とも一切のお世辞を言わず、厳しく指導してくれる人にする必要があります。特に専門家については、おだてたり、お世辞を言うようなタイプでは仕事をしたことになりません。

8 仕事が好きであること

　成功する起業家は仕事が大好きです。心から楽しんで仕事をしています。たとえ休日出勤や残業が続いたとしても、少しも苦にすることなく楽しそうに取り組んでいるのです。彼らは共通して好きなこと、得意なことで起業しています。そして、自分の提供する商品・サービスを通して、世の中に価値を提供し貢献する喜びを感じているのです。

　起業する際には、お金や生活のためだけではなく、人生を通して何を成し遂げたいか、世の中にどのように貢献したいかをよく考えて方向性を定めましょう。

いかがでしたでしょうか。これらは私が実際にサポートしてきた起業家の中で、成功している経営者が共通して持つ要素を書き出したものです。もし8つの要素のうち1つでも欠けていたら、起業後苦戦する部分になります。起業を目指すなら、少しでも彼らに近づけるように自分磨きに努めましょう。

「自分にはできるだろうか」と不安に思うかもしれません。そんなとき、基準になることが1つあります。

あなたが「起業する」と宣言したときに「出資するよ！」と手を挙げてくれそうな人が身内以外でいるかどうかです。そんな人が頭に浮かんだなら、自信を持って前に進んでも大丈夫です。

☑	差別化、独自ノウハウ
☑	マーケティング、集客、営業の能力
☑	お金の感覚、知識に長けている
☑	自然と周りに応援される人柄
☑	先を見通す能力がある
☑	アイデア、行動力、スピード
☑	人の意見を素直に聞き入れる
☑	仕事が好きである

―――― 失 敗 パ タ ー ン ――――

問題が起きるのは自分自身のせいなのに
周りのせいにして成長できない

07 行動！ 行動！ 行動！

1 「起業」「経営」とは「行動」である

「あのビジネス、実はオレも10年前に思いついたんだけど、あのときやっておけば、オレも今頃は大金持ちだったよなぁ〜」

　起業やビジネスのことを話していてよく聞く言葉ですが、やはり聞いていて虚しいものです。
　ビジネスの世界は甘いものではありません。結果がすべてです。同じことを思いついたとしても、誰よりも早く行動した者しか報われない、先行者メリットを享受できない、厳しい世界なのです。
　迷っている暇はありません。回転寿司をイメージしてください。美味しそうなネタがあったら、目の前を通過する間に反射的に取りますよね。極論すれば、起業も同じ要領なのです。
　「やってみて初めてわかること」がたくさんあります。ところが、実行に移す前からあれこれ考え、やらない理由を探して、リスクを避けることを考えて結局やめてしまう。人間の思考回路はこういう風にできているのかもしれません。自然界で生き抜くための防衛本能として脳にインプットされているのではないでしょうか。
　どんな小さなことだって変化は怖いものです。でも、いまと違う何かを得るためには、実行あるのみ。「できるかできないか」ではなく、「やるかやらないか」なのです。
　「やったもの勝ち」した成功者を目の前にするといつも感じることは、実行せずに後悔するくらいなら、やった方がいい。
　思い立ったら即行動――そういう思考回路へと「今日」から変えていきましょう。

PART 7　経営方針・社長自身　　　221

2 自分にハメた枠を取り払ってみよう

　行動に移せない自分がいるとしたら、知らず知らずのうちに自分にはめた「枠」があるのかもしれません。その「枠」は人それぞれですが、主なものは以下のようなものではないでしょうか。

- もうこの歳だから
- 自分は経営には向いていないから
- 営業を経験していなくて、営業に自信がないから
- いま以上の年収を稼げないから
- リスクをとって失敗するのが怖いから
- 誰かに○○と言われたから

　このような「枠」を自分にはめて、可能性を潰している例も数多く見てきました。起業相談にいらっしゃる人の中には、誰が見ても成功できる能力があるのに、最初の1歩をなかなか踏み出せないでいる人もいます。自分で自分に枠をはめることは、とてももったいないことです。人生はたった一度きりで、残された人生の時間はどんどん減っていきます。やりたいと思ったことがあるなら、「いま」、果敢に挑戦すべきです。

　迷っているなら、ぜひ、私の無料相談にお越しください。思いきり背中を押すのが私の役割です。最初の一歩をぜひ、踏み出してください。

　この本を手に取っていただいたのも、何かの縁です。これを機に、自分自身を何かの枠にはめていないかチェックしてみてください。どんな人にも、活かせば成功できるだけの何らかの能力が備わっています。誰でも、どんな状況でも可能性は無限大です。

失敗パターン

起業したいと思いながら最初の1歩が踏み出せないまま、
10年も経ってしまった

自分自身にハメた枠とそれを打破できる可能性を考えてみよう

	自分にはめた枠／悩み	解決法
☑	例）・どうやって集客していいかわからない ・起業しても売上が上がるか不安だ。	例）1度専門家に相談してみる
☑		
☑		
☑		
☑		
☑		
☑		
☑		
☑		

MEMO

付録

副業について

01

副業としてスタートする
メリット・デメリット

「いますぐ会社を辞めて起業に踏み切るのは、どうしても不安だ」——そんな人もいるでしょう。そこで考えられる選択肢の1つが、会社員を続けながら副業でスタートを切る方法です。副業として事業をスタートする場合、次のようなメリット・デメリットがあります。

1 副業のメリット

まず、副業として新たなビジネスを開始する場合のメリットを挙げてみましょう。

事業の成否を見極めることができる
　最大のメリットは、ビジネスが成功するかどうかをじっくりと見極めながら、起業家としての人生か、会社員としての人生かをゆっくりと判断できることです。仮に失敗しても元の人生を歩んでいけます。

副収入を得られる
　副業の収入を安定的に得ることに成功すれば、給与以外の収入が入ってきます。将来、会社を辞めて本格的に起業するときの自己資金を貯めておくことも可能です。

安定した収入源を失わずに事業を始められる
　本格的に起業する場合、収入面で不安定な状況から始まります。副業であれば、会社員として給与を得ながら事業をスタートすることが可能です。

スキルアップできる、経験を積める
　本格的に起業する前にスキルアップを図り経験を積むことができます。改善点やニーズなどについて多くの気づきを得て、商品・サービスのクオリティを上げることも可能です。

経営感覚を磨くことができる
　実戦の中で経営感覚を磨くことができます。自分で事業をすると事業に関連する全分野の知識や経験が蓄積されます。視野を広げ能力も上がるという相乗効果を期待できます。

人脈を広げることができる
　副業では、会社員生活では関わりのなかった人々に会う機会も増えます。そこで得られた人脈は、今後の人生での大きな財産となります。

本格的に起業するまでの間に集客できる

　副業期間中に集客しておくことも可能です。この段階での集客が成功すれば、会社を辞めて本格的に起業する段階で、最初は売上0円という状態を回避できます。

2 副業のデメリット

　上記 **1** だけを見ると、副業で新たなビジネスを開始する方が、退路を断って身一つで起業するよりもメリットが多いように感じるかもしれません。ですが、当然デメリットもあります。

時間がとれない

　副業で事業をスタートする場合、最大のネックは時間です。会社員である以上、当然本業である会社員としての務めがあります。この「会社員としての時間」のほかに副業の時間を確保するのが非常に難しいというケースは少なくありません。

マンパワーが確保できない

　ある程度の事業を行うには、マンパワーが必要です。この点、どうやって事業を推進するだけのマンパワーを確保するかという問題が発生します。

仕事内容が制限される

　事業主である自分自身が会社員である以上、始められる事業には制限が出てきてしまいます。副業でもできる内容に限定されてくるでしょう。

――― 失 敗 パ タ ー ン ―――

中途半端なビジネス展開しかできずに挫折

**考えているビジネスを副業として始めることができるか、
メリット・デメリットから考えてみよう**

	チェック項目	検討結果を書き出してみよう
☑	事業の成否を見極めることができる	
☑	副収入を得られる（自己資金を貯めることができる）	
☑	安定した収入源を失わずに事業を始められる	
☑	スキルアップできる、経験を積める	
☑	経営感覚を磨くことができる	
☑	人脈を広げることができる	
☑	本格的に起業するまでの間に集客できる	
☑	時間がとれない	
☑	マンパワーが確保できない	
☑	仕事内容が制限される	

02

副業の最大の壁は今の会社との関係

　副業を始めるとき、本業の会社との間で良好な関係を築けるかどうかは非常に重要です。最近は副業を認める動きも出てきていますが、手放しでOKという会社は多くないでしょう。もしあなたが副業を始めたいと思うのであれば、まずは以下のようなことを確認しましょう。

1 会社の就業規則を調べる

　まずは会社の就業規則上、副業が全面的に禁止なのか、一定の条件付きで容認なのか、会社の許可があれば容認なのか、完全に自由（規定なし）かを確認しましょう。ただし、仮に就業規則に「全面的に禁止」と明記されていても、法律上は、会社は就業規則で副業を全面的に禁止することはできません。会社は、従業員のプライベートな時間の使い方までを完全に縛ることはできないからです。本業である会社員としての業務に支障が出るなど、「一定の合理的な理由があるときに限り、禁止が有効」というのが、本来の法律としての立場です。とはいえ、ルールはルールです。周りの見る目や人事考課なども考えると、会社員として就業規則は守っておくべきといえるでしょう。

2 会社の副業に対する社風を読みとる

　次にチェックしたいのは、周りの社員や上司の副業に対する考え方、会社としての文化です。長い間、副業を全面禁止する文化があった日本では、古い体質のままの会社も残っています。「誰も副業なんてしていない」という雰囲気の会社も少なくないでしょう。

　副業に対する許容度の低い会社で副業を始めてしまうと、「本業もロクにできないクセに、副業なんて始めて……」という評価となり、本業のボーナスや昇級、昇格などの査定にも影響するかもしれません。

　一方で、昨今では副業を許容し、副業で得た知見を本業に還元することを期待する企業や、ベンチャー気質で、独立志向が強く、社員の多くが副業をして

いる会社も存在します。日頃からよく観察しましょう。

3 副業を会社に言うべきかを考える

副業を開始するにあたって、必ずといっていいほど持ち上がる悩ましい問題が、「副業のことを会社の人に言うか」どうかです。「許可があれば副業容認」という会社では、少なくとも人事や上司に言う（届出をする）必要があります。こうした規定や制度のある会社であれば、もちろんルールを守るべきでしょう。

副業が自由（規定なし）の会社の場合は、副業を周りにオープンにする人もいれば、隠す人もいます。前述のような企業文化も踏まえながら判断したいところです。

4 会社に全面的に応援してもらう副業が理想

会社に副業を隠す人、一部に報告するにとどめる人もある中で、一番の理想は、会社に対して副業を完全にオープンにして、全面的に応援してもらう形です。大企業の社員でも、この形を実現している人もいます。こうした「理想形」を実現する人は、本業でもめざましい活躍をして会社に貢献しているものです。だからこそ応援してもらえるし、副業でも成功できるのです。

本業と副業をうまく両立しつつ、会社にも応援してもらえるようになりたいですね。

— 失敗パターン —

副業をめぐって会社と対立したり、立場を悪くしたりしてしまう

会社の副業に対するスタンスをチェックしてみよう

☑	就業規則は？	・副業は禁止 ・条件付き容認 ・届け出制 ・完全に自由（規定なし）
☑	社風は？	・社風 ・上司の副業に対する考え方
☑	すでに副業をしてる人は いるか？	・いる（　　　　　　　　　　　　　　　　　） ・いない
☑	副業を応援してもらえる 可能性はあるか？	

03

副業禁止の会社でビジネスをするには？

　会社が副業禁止だとわかったら、どんな選択肢があるでしょうか。考えられる選択肢をご紹介しましょう。

1 勤務を続けながら、まずはスキルを磨く

　現状としては副業禁止だけれども、世の中の動きに合わせて副業が容認になるかもしれない──そんな期待を抱きつつ、少し待ってみるという選択肢もあるでしょう。その間、無為に「ただ待つ」のではもったいない。せっかくですから、副業解禁の日に備えてスキルを磨いておきましょう。スキルアップが本業にも好影響を与える可能性は少なくありません。資格取得や人脈の拡大など、できることはたくさんあるはずです。

2 転職する

　副業OKの会社に転職をするという選択肢もあります。この際、転職活動を始めてみるのもよいでしょう。

3 ボランティアとして展開する

　最初は「事業」としてではなく、「ボランティア活動」としてスタートする方法もあります。例えば、何かの教室を主宰する、何かをコンサルティングする、執筆する、イベントを開催するなどであれば、無料で展開することもできるはずです。

4 親族などに代表になってもらう

　親族や友人に代表になってもらい、個人事業や会社を立ち上げるという選択肢もあります。とはいえ、「副業禁止」とする会社の就業規則等に違反するわけにはいきません。ですから、単にお手伝いやアドバイスをする立場となり、また、給料も受け取れないという点には注意しなければなりません。

5 思い切って会社を辞めて起業する

「そんなのまどろっこしい。この際、思い切って会社を辞めて起業しよう！」
と、一思いに会社を辞めて起業するという選択肢も、もちろんあります。私の
副業相談にいらした方でも、「会社を辞めて起業してしまったほうが早いし、
スッキリする」という結論に達することがあります。

6 会社を説得して副業を容認してもらう

　会社を説得して副業を認めてもらう方法もあります。私がご相談を受けた例
でも、会社に直談判して、副業を認めてもらった方がいます。こうした例に共
通するのは、副業が本業にも好影響を与えるような内容だということです。副
業を頑張ることによって、本業側の売上やイメージUPに直結するような内容
かどうかがポイントです。

副業禁止の場合の選択肢をそれぞれ検討してみよう

- ☑ スキルを磨く、人脈を作るなど、パワーアップを図る
- ☑ 副業OKの会社に転職する
- ☑ 起業するまでの間はボランティアとして展開する
- ☑ 親族や友人などに代表になってもらいビジネス展開する
- ☑ 思い切って退職して本格的に起業する
- ☑ 会社を説得して副業を容認してもらう

── 失 敗 パ タ ー ン ──

副業をしてみたいが禁止されていて時間だけが過ぎ去る

04

副業の最大の敵は、時間の確保である

　副業で一番多い失敗パターンは、時間の確保ができないままに中途半端なビジネス展開しかできず、挫折するケースです。誰にとっても1年は365日、1日24時間しかありません。その中で本業の仕事、家族の団らん、恋愛、人付き合い、余暇や旅行、睡眠や食事の時間を確保し、なおかつ副業をする時間を捻出するにはどうすればいいのでしょうか。

　お勧めするのは、「時間の使い方改革」です。1日の自分の時間の使い方を棚卸しし、副業に1日何時間を使えるかを考えてみるのです。仮にいま、あなたがフルタイムで働いているとしたら、1日の時間配分は図表35のようなイメージになるかもしれません。

図表35　フルタイム勤務における1日の時間の使い方

所定労働時間	8時間
残業時間	2時間
通勤時間	1時間×2＝2時間
睡眠時間	6時間
食事の時間（昼休み含む）	2時間
家事や買い物などの時間	2時間
入浴や身支度などの時間	1時間
テレビ・ゲームなどの余暇	1時間
合計	24時間

　これで合計24時間です。「意外と短い」とお思いになるのではないでしょうか。もし副業の時間を確保するなら、どこかを削るしかありません。それぞれ考えてみましょう。

睡眠、食事などの時間

睡眠時間を削って副業をするというのは、体力的にも負担が大きく、結局は長続きしないことになりそうです。食事の時間も限界があります。いずれもしても健康的ではありません。

通勤時間

通勤時間を削る場合の選択肢は引越しでしょうか。あまり現実的ではないかもしれません。

残業時間

効率的に本業の仕事をこなし、残業の時間を削ることも考えられます。働き方改革が叫ばれるいまですから、自身の仕事への取り組み方や改善方法なども同時に棚卸ししてみるのもよいでしょう。

家事や買い物の時間

家事の一部を家族の誰かに任せるのも1つの方法ですが、これには副業に対する家族の理解が必要です。コストはかかりますが、家事代行を依頼するという方法もあるでしょう。

余暇の時間

テレビやゲームなど、余暇に使っていた時間を副業に充てるのは、最も現実的な選択肢といえます。

週末の時間の使い方を改めてみる

平日に時間を捻出するのが難しい場合には、週末や休みの日を有効に活かすことも考えましょう。上記同様に、ここ1ヶ月の休みの日をどのように時間配分して過ごしていたか、書き出してみましょう。「土曜日は疲れて昼寝していることが多い」「ショッピングに行く時間を削って、ネットで買おう」「TVを観ている時間が多いから、録画して観たいものだけを観るようにしよう」など、改善できる点も見つかるのではないでしょうか。

　繰り返しになりますが、1日は等しく24時間。この限られた時間をどう使い、どう活かすかはあなた次第です。これを機に、時間の使い方について考えてみてください。

副業の時間をどうやって確保するか書き出してみよう

【仕事がある日】 (時間)

所定労働時間	
残業時間	
通勤時間	
睡眠時間	
食事の時間（昼休み含む）	
家事や買い物などの時間	
入浴や身支度などの時間	
テレビ・ゲームなどの余暇　1時間	
副業をする時間	
合計	24時間

【休日】 (時間)

睡眠時間	
食事の時間	
家事や買い物などの時間	
入浴や身支度などの時間	
テレビ・ゲームなどの余暇	
（　　　　　　　　　　　）	
（　　　　　　　　　　　）	
副業をする時間	
合計	24時間

—— 失敗パターン ——

時間の確保がうまくいかず、いつまでたっても副業が前に進まない

05

副業でもお金や税金は要注意

　副業でも「事業」であることに変わりはありません。お金の管理をきちんとしておくことは基本です。まずは以下のようなポイントを押さえておきましょう。

1 資金計画を立てる

　本業として起業する場合と同様、必ず事業計画書を書きましょう。中でも数字の部分の計画（＝資金計画）をきちんと立てられるかどうかが副業成功の第一関門です。そして、事業全体でかかるお金のうち、自己資金で賄えない部分があるとすれば、日本政策金融公庫の創業融資を受けたり、親族に貸してもらうなどの方法を検討しましょう。国が旗振り役となり、働き方改革の一環として副業を応援していることもあり、以前に比べれば、副業でも日本政策金融公庫などの融資が受けやすい傾向にあります。

2 スケールダウン・ステップアップも一案

　資金計画を立ててみたものの、今の段階では資金をまかなえない──そんな状態の場合は、ひとまず事業全体をスケールダウンできるかを検討することも選択肢の1つです。

　例えば、「店舗は構えずにWebで売る」「Webサイトは作らずに、オークションサイトで売る」「仕入れて売るのではなく、代理店として手数料をもらう」「お金のかからない別の事業を考える」などです。

　ステップアップをイメージするのもいいでしょう。例えば、最初はどこかの教室で講師として副業を始め、いずれWebで製品を販売、それがうまくいけば店舗を構えるなど、年単位の長めの時間軸で考えてみることも大切です。

3 副業期間中の業績は後々まで響く

　副業期間中といえども、事業主としての成績が売上や利益という形で残って

いきます。これは後々、本格的に起業するときに非常に重要な意味を持ちます。日本政策金融公庫の創業融資などを借りる場合、副業期間中の確定申告書などを提出するように求められるからです。いくら副業だといっても、売上が思うように上がらない、毎年ずっと赤字を計上し続ける、というような厳しい経営状態であれば、金融機関から「経営能力がない」と判断されてしまう可能性があります。始めるからには、きちんとした業績を上げられるように気を引き締めて取り組みましょう。

4 副業でも受給できる補助金がある

意外と知られていませんが、副業でも補助金を受給できる可能性があります。例えば、Webサイト費用の一部を国や自治体が支給してくれる制度もあります。こうした補助金は知らなければもらえません。自分で調べたり、補助金に詳しい専門家とつながるなどして、常に最新情報を入手しておくようにしましょう。

5 税金の申告は要注意

「副業なんだから、経理とか税金なんて適当でいい」——そんな風に考えていると、大きなしっぺ返しが待っています。法律上、税務申告の義務がある場合には、当然、申告しなければなりませんし、申告を忘れば脱税になってしまう可能性もあります。

「脱税」となってしまえば、罪に問われるだけでなく、将来、本格的に起業するときに問題視され、融資が受けられないという事態も起こりえます。

こうした事態を防ぐためにも、副業といえども、始める前に税理士にきっちりと相談しておくことをお勧めします。無料相談をうまく活用しましょう。

── 失敗パターン ──

- 事業計画書を書かずに無計画な事業を始め、資金がショートする
- 副業期間中の売上や利益が振るわず、本格的に起業する際に影響する
- 確定申告が必要なケースなのに申告をせずに放置する

副業のお金や税金について理解したか

☑	事業計画書を書いたか
☑	スケールダウンやステップアップを検討したか
☑	補助金の最新情報を得るルートを確保したか
☑	税金の申告が必要かを調べ、正しく確定申告したか
☑	副業について詳しい専門家に相談したか

起業・会社設立相談＆資料ダウンロードのご案内

　本書では、起業家が気をつけるべき失敗ポイントとその対策について、わかりやすく解説してきました。とはいえ、「起業は初めてで、わからないことだらけだ」「自分のケースではどうなるのだろう」と不安に思われた方も多いかと思います。解決策の1つとして、税理士などの専門家に相談できる環境を作ることが挙げられます。無料相談を利用するのも起業の際の賢い選択肢です。

　ここでは、税理士などの専門家に相談できる内容や、専門家活用のメリットを簡単にご紹介します。

1 税理士などの士業やコンサルタントに相談できる内容

- 起業相談
- 個人事業か会社設立かの選択
- 会社設立のサポート
- 創業融資の可能性診断
- あてはまりそうな補助金、助成金のアドバイス
- 創業融資、補助金、助成金の申請サポート
- 税務署、年金事務所などへの提出書類の作成提出代行
- 経理税務体制の確立
- 税務申告
- 人事労務対応
- 許認可
- 契約書作成
- 集客マーケティングのアドバイス
- 販売先や業者など人脈の紹介

2 専門家に相談するメリット

○ 失敗しそうな点を事前に洗い出し対策することができる
○ 本業以外の各種手続にかかる手間を大幅にカットできる
○ 起業全体を熟知した専門家によるアドバイスを期待できる
○ 創業融資の確保や補助金受給の確率を上げることができる
○ 事業に関する幅広い人脈を得られる可能性がある

3 著者への無料相談の申込み方法等

■著者による無料相談の案内（全国対応、電話相談も可）
　ブイスピリッツで検索　https://v-spirits.com/

■セミナー、交流会の案内
　V-Spirits起業カレッジ
　V-Spiritsビジネス交流会　など
　https://v-spirits-kigyocollege.com/

■メルマガのご案内（まぐまぐ）
「起業コンサルタント（R）中野裕哲の失敗しない起業・経営塾」
　https://www.mag2.com/m/0001687631.html

4 事業計画書フォーマット等のダウンロード方法（無料）

　http://v-spirits.com/download

MEMO

おわりに

いかがでしたか？

ここまで、起業家が陥りやすい失敗パターンとあらかじめ知っておくべき回避方法を、みなさまにお伝えしてきました。

当然のことですが、多くの起業家にとって"起業"は初めての経験ですから、資金、人材、ノウハウ等、少ない経営資源の中で迷い、悩み、無駄や失敗をしやすい状況に置かれてしまうでしょう。また、有利な創業融資制度、補助金制度などがあるにもかかわらず、よく知らないままにうまく活用できず、手遅れになってしまうこともあります。

起業家・経営者は孤独です。

何が正解かわからないまま、時間だけが通り過ぎていく。

「このままでは食えなくなって会社員生活に戻るしかない」──そうした崖っぷちに追い詰められて、初めて相談に来る人の後悔に満ちた話を、私はたくさん聞いてきました。

あなたがもし、起業をお考えであれば、あるいは起業後に迷ったり困ったりしていたら、ぜひ早い段階で、私のような起業支援の専門家の無料相談を頼ってみてください。必ずや今後の役に立つようなヒントを見いだせると思います。

勇気をもって行動し、それを最初の一歩をとしてみてはいかがでしょうか。

私は、「起業支援を通して、この国を挑戦者であふれる国にしたい！日本を元気にしたい！」──こういう信念のもとに行動しています。

本気で起業して実現したいことがある人に支援を惜しみません。

本書がご縁となり、夢を持つ起業家との多くの出会いがあることを楽しみにしています。

● 中野裕哲（なかの　ひろあき）　プロフィール

昭和46年8月7日生まれ
起業コンサルタント®、副業コンサルタント®、税理士、特定社会保険労務士、行政書士、ファイナンシャルプランナー（CFP®、一級ファイナンシャルプランニング技能士）。

起業コンサルV-Spiritsグループ代表（税理士法人・社会保険労務士法人・行政書士法人V-Spirits／株式会社V-Spirits／V-Spirits会計コンシェル・給与コンシェル・FPマネーコンシェル株式会社／V-Spirits経営戦略研究所株式会社）。

起業家支援をライフワークとし、起業準備から起業後の経営に至るまで、窓口1つでまるごと支援する。「起業支援を通して、この国を挑戦者であふれる国にしたい！日本を元気にしたい！」という理念のもと、年間約300件の起業相談を無料で受け、多くの起業家を世に送り出している。

日本最大級の起業支援ポータルサイト経済産業省後援DREAM GATEにて8年連続面談相談件数日本一。起業の最前線、現場での支援経験に基づく独自の起業・独立ノウハウに定評がある。

経済産業省後援 DREAM GATE 2018年 面談相談者数全国1位（登録専門家約400～500名中）
経済産業省後援 DREAM GATE 2017年 面談相談者数全国1位（　　〃　　）
経済産業省後援 DREAM GATE 2016年 面談相談者数全国1位（　　〃　　）
経済産業省後援 DREAM GATE 2015年 面談相談者数全国1位（　　〃　　）
経済産業省後援 DREAM GATE 2014年 面談相談者数全国1位（　　〃　　）
経済産業省後援 DREAM GATE 2013年 面談相談者数全国1位（　　〃　　）
経済産業省後援 DREAM GATE 2012年 面談相談者数全国1位（　　〃　　）
経済産業省後援 DREAM GATE 2011年 面談相談者数全国1位（　　〃　　）
経済産業省後援 DREAM GATE 2010年 メール相談者数全国1位（　　〃　　）
経済産業省後援 DREAM GATE 2009年 面談相談者数全国1位（　　〃　　）

All About「起業・会社設立のノウハウ」(オールアバウト社) にて公式記事執筆を担当。その他、ＴＶ、雑誌、新聞等の各種メディアにて起業に関する解説実績多数。著書・監修書は『一日も早く起業したい人が「やっておくべきこと・知っておくべきこと」』(明日香出版社、2013年)、『オールカラー個人事業の始め方』、『オールカラー　一番わかる会社設立と運営のしかた』(いずれも西東社、2014年)、『マンガでやさしくわかる起業』(日本能率協会マネジメントセンター、

2014年）など多数。

専門分野はビジネスプランのブラッシュアップ、事業計画書作成指導、創業融資、助成金・補助金の申請支援、税務会計、人事労務、会社設立、許認可、クラウドファンディングのサポートなど。その他にもオフィス・店舗物件探しのアドバイス、ブランディング、マーケティング、メディア戦略、出版戦略、集客・販促などのアドバイス、人脈の紹介まで行う。

なお、V-Spirits グループには、日本政策金融公庫元支店長、金融機関の元融資課長、国の創業補助金元審査員、元Yahoo! の Web集客コンサル、元出版社の出版コンサル、元広告代理店のマーケティングコンサルなど、各ジャンルで経験豊富な専門家も在籍しており、総合的な起業支援、経営支援を行っている。

● 著者連絡先・無料相談申込先

起業コンサル V-Spirits グループ / 税理士・社会保険労務士・行政書士法人 V-Spirits
代表　中野　裕哲

起業コンサルタント®、副業コンサルタント®、税理士、特定社会保険労務士、行政書士、ファイナンシャルプランナーCFP®、一級ファイナンシャル・プランニング技能士

〒170-0013
東京都豊島区東池袋四丁目24番3号ジブラルタ生命池袋ビル9階
03-3986-6860
info@v-spirits.com
https://v-spirits.com/

起業コンサルタント®、副業コンサルタント® は株式会社 V-Spirits の登録商標です。第5353723号、第6117362号

MEMO

相談件数№1のプロが教える
失敗しない起業 55の法則

2019年6月30日　　初版第1刷発行

著　　者——中野　裕哲
　　　　　　©2019Hiroaki Nakano
発 行 者——張　士洛
発 行 所——日本能率協会マネジメントセンター
〒103-6009　東京都中央区日本橋2-7-1　東京日本橋タワー
TEL　03(6362)4339(編集)／03(6362)4558(販売)
FAX　03(3272)8128(編集)／03(3272)8127(販売)
http://www.jmam.co.jp/

装　　丁——山之口正和 (tobufune)
本文DTP——株式会社明昌堂
印 刷 所——シナノ書籍印刷株式会社
製 本 所——株式会社三森製本所

本書の内容の一部または全部を無断で複写複製 (コピー) することは、
法律で認められた場合を除き、著作者および出版者の権利の侵害となり
ますので、あらかじめ小社あて許諾を求めてください。

ISBN 978-4-8207-2740-8　C2034

落丁・乱丁はおとりかえします。
PRINTED IN JAPAN

JMAMの本

マンガでやさしくわかる 中期経営計画の立て方・使い方

井口 嘉則著／柾 朱鷺作画
A5判280頁

　中期経営計画策定の流れ（ビジネス環境分析→ビジョン設定→戦略策定→活動・計数計画具体化→中計のまとめ・発表）に沿って、2つのタイプの異なる会社の経営企画担当者を描いたストーリーとともに各段階で必要なフォーマット（ダウンロードサービス付）の内容を解説。環境や情勢変化による見直しやローリング（期中修正）、進捗管理についてもわかるようになる実践的なマンガです。

マンガでやさしくわかる チームの生産性

沢渡 あまね著／松尾 陽子シナリオ・作画
四六判224頁

　社長から生産性向上の旗振り役を任された、営業部主任の中泉みかの。オフィス改革コンサルタント・二之宮の教えを受けながら、「チームのアウトプットを最大化する"自分たちらしさ""勝ちパターン"」を考えます。メンバーを巻き込んでプロジェクトを進めるみかのが打ち出した秘策とは!?　問題発見から改善策の立て方、運用、定着まで4つのフェーズに沿って、組織も個人も成長する—真の効率化×プロセス改善がわかります。

マンガでやさしくわかる 経営戦略

株式会社日本総合研究所著／松尾 陽子シナリオ／渋染 かずき作画
四六判208頁

　経営戦略の基本が、元五輪選手がジムを再建するマンガストーリーに沿って日本総合研究所が、経営戦略を立案するステップ（環境分析→事業領域設定→事業戦略→全社戦略→戦略の軌道修正・仕組みづくり）ごとに検討に必要なフレームワークや、実行手順、KPIの設定手法までやさしく解説した入門書です。変化の著しい市場における経営戦略の策定・実行・見直しが、この1冊でわかります。